Joachim Graf

Murphys Computergesetze:

jetzt noch gemeiner

ALSO, WENN ES EIN VIRUS IST,
DANN EIN GROSSES...

W0085907

Die Deutsche Bibliothek – CIP-Einheitsaufnahme

Ein Titeldatensatz für diese Publikation ist bei der Deutschen Bibliothek erhältlich.
ISBN 3-8272-6205-4

10 9 8 7 6 5 4 3 2 1

04 03 02 01

ISBN 3-8272-6205-4

© 2001 by Markt+Technik ein Imprint der Pearson Education Deutschland
Martin-Kollar-Straße 10-12, 81829 München/Germany
Alle Rechte vorbehalten
Lektorat: Veronika Gerstacker, vgerstacker@pearson.de
Herstellung: Claudia Bäurle, cbaeurle@pearson.de
Satz: Peter Spillner, pspillner@pearson.de
Druck: Nørhaven, Viborg (DK)
Dieses Produkt wurde mit Desktop-Publishing-Programmen erstellt
und auf chlorfrei gebleichtem Papier gedruckt
Printed in Denmark

Inhaltsverzeichnis

Joachim Graf

Murphys Computergesetze, jetzt noch gemeiner

oder:

Wie das Gesetz, dass alles schief geht, was schief gehen kann, durch Computer und Internet optimiert wird. Und warum es immer du bist, der es ausbaden muss.

Mit Zeichnungen von Erik Liebermann

Gegenindikation

Dieses Buch ist nichts für Zartbesaitete. Bei regelmäßiger Anwendung kann es zu Desillusionierung, zu kritischer Distanz gegenüber der Materie bis hin zu Zynismus und bleibenden Vertrauensverlust in die Computerindustrie kommen. In seltenen Fällen wurden Abonnement-kündigungen bei Computerzeitschriften und Internet-Service-Providern, Anfälle von Vandalismus gegenüber Digitaltechnik und AOL-CDs sowie Panikkäufe von Füllern, Rechenschiebern und liniertem Papier beobachtet.

Besonders gefährdet sind den Erfahrungen von Autor und Verlag zufolge

- engagierte EDV-Leiter
- überzeugte Vertriebsmitarbeiter
- Geschäftsführer von Computerfirmen und Internet-Start-ups sowie E-Business-Gläubige
- EDV-Journalisten
- Computerfreaks, Hacker und notorische Surfer

Dem geistig gefestigten Leser hingegen bietet das vorliegende Werk neben wissenschaftlichen Erkenntnissen noch einen weiteren Nutzen: Das Wissen, dass er nicht allein ist. Was zwar im täglichen Umgang mit dem Computer nichts hilft, aber wenigstens tröstet.

Erklärung

Jede Ähnlichkeit mit lebenden Personen, bestehenden Firmen und Produkten, verfügbaren Marken, vorhandenen Vertriebsstrategien, ansurfbaren Sites sowie anderen Plagen für Computeranwender sind vom Autor zwar nicht unbedingt beabsichtigt, aufgrund des Gegenstands jedoch unvermeidlich.

Danksagung

Ausdrücklich bedanken möchte ich mich bei der deutschen und internationalen EDV-Industrie, ohne die es dieses Buch sicher nicht gegeben hätte, sowie bei Sven für den Input, bei Manuel für den vergeblichen Versuch, mich von der Arbeit abzuhalten, und bei Lars für seine schiere Existenz. Sowie bei Gerti, die weiss, dass Computer helfen, diejenigen Probleme zu lösen, die wir ohne sie nicht hätten.

Der Feind schläft nicht!

Seit ich mich mit dem Phänomen digitaler und interaktiver Heimtücke (sprich: dem Computer an sich und dem Internet im Besonderen) beschäftige, werde ich immer wieder gefragt, wie man als seriöser Fachautor dazu komme, ein »humoristisches Buch« zu schreiben. Ich habe diese Frage nie verstanden.

Denn das vorliegende Buch ist ein ernstes, wissenschaftliches Werk und dient ausschließlich der Systematisierung weltweit bekannter Vorgänge beim Umgang mit elektronischen Datenverarbeitungsanlagen. Wer humoristische Computerliteratur sucht, sollte die Lobpreisungen neu erschienener Softwarepakete in einer beliebigen PC-Zeitschrift, die Werbeschreiben von Providern oder die Installationsanleitung seiner ISDN-Karte lesen.

Durch meine jahrelange Beschäftigung mit Computersystemen als Anwender, Programmierer und EDV-Fachjournalist – also stets als Opfer – habe ich genügend Erfahrungen sammeln können, um die Welt der Computer ganz sachlich und objektiv so zu schildern, wie sie wirklich ist: fies, hinterhältig, grausam – und das auf die gemeinste Art: die faustische, die interaktive. Freien Willen vorspiegelnd und doch Schritt für Schritt in den Wahnsinn führend. Der Weg zur Hölle ist bekanntlich mit guten Vorsätzen gepflastert. Die Hölle selbst aber sieht aus wie eine preisgekrönte deutsche Website.

Wohl kein Forschungsergebnis hat mehr zum Verständnis unserer modernen Industrie- und Informationsgesellschaft beigetragen als das Gesetz von Murphy. Wer sich stets vor Augen führt, dass alles, was schief gehen kann, auch schief gehen wird, der wird von einem tiefen Verständnis für die Welt, das Leben an sich und dem gesamten Rest durchdrungen.

Die Konkretisierungen von Murphys Gesetz reichen von »A« wie »Atomwirtschaft« (*Je gefährlicher und unsinniger ein Projekt ist, umso länger und intensiver wird es von den Politikern unterstützt*) bis »Z« (*Wenn du etwas von A bis Z beschreiben willst, fällt dir entweder zu »A« oder zu »Z« kein Beispiel ein*). Für fast alle Verursacher alltäglicher Pannen – seien es Männer oder die gegenwärtige Regierung – sind murphyologische Arbeiten erhältlich.

Mit dem vorliegenden Band werden die Auswirkungen von Murphys Gesetz auf die elektronische Datenverarbeitung dokumentiert. Denn Computer tragen als kaum ein anderes als Objekt getarntes Subjekt unseres Alltags dazu bei, Murphys Gesetz immer wieder aufs Neue zu bestätigen. Alle nur denkbaren pannenträchtigen Komponenten sind in einem Computersystem vereint: Zentraleinheit, Monitor, Massenspeicher, Erweiterungskarten, Tastatur und weitere Peripheriegeräte arbeiten hart daran, möglichst unverträglich zueinander zu sein. Wo dies nicht ausreicht, unterstützt die Dreieinheit aus Programmierer, Anwendungsprogramm und Anwender das physikalische Gesetz der Entropie, nach dem die Natur stets einen Zustand des größtmöglichen Chaos anstrebt.

Als echte Eingeweihte wissen Sie und ich: Der Feind steht vor uns auf dem Schreibtisch. Er ist weltweit aktiv und vernetzt. Er ist gefährlich und lauert nur auf einen Augenblick der Unaufmerksamkeit. Er schläft nie. Hüten wir uns also, ihm den Rücken zu kehren und wappnen wir uns mit der letzten Waffe des wahrhaft intelligenten Menschen: der Resignation.

A. Murphyologische Grundlagen

Murphys Gesetz ist die Präzisierung und logische Weiterentwicklung der allgemeinen Entropielehre, nach der alle Teilchen des Universums bestrebt sind, sich in größtmöglicher Unordnung anzuordnen. Die Erkenntnis, dass dir besagte Teilchen auf dem Weg dorthin mindestens einmal auf die Zehen fallen, führt zu

Murphys Gesetz:

Wenn etwas schief gehen kann, dann wird es auch schief gehen.

Mit der Erfindung des Computers versuchte der Mensch zum ersten Mal, unbelebter Materie eine gewisse Intelligenz einzuhauchen. Ein fataler Entschluss. Denn bis zum heutigen Tag sind Computer zwar weder intelligent noch kreativ. Aber Heimtücke, Hinterhältigkeit und Verschlagenheit sind bei ihnen bereits optimal entwickelt. So kann jeder Hard- und Softwareentwickler, jeder Programmierer und jeder Anwender – kurz: jedes Computeropfer – Murphys Gesetz erweitern durch die

Erste digitale Ableitung:

Murphys Gesetz wird durch Computer optimiert.

Praxisbeweis der ersten digitale Ableitung:

Irren ist menschlich. Aber für die richtig schlimmen Sachen braucht es Computer.

In den Zeiten fortschrittlicher Multitasking-Betriebssysteme, Online-Dienste und Intranets sind moderne Computer heute bereits in der Lage, mehr als eine Sache gleichzeitig zu machen (beispielsweise unter Datenverlust abzustürzen und gleichzeitig die einzig existierende Sicherheitskopie auf sämtlichen angeschlossenen Festplatten und Netzlaufwerken zu löschen). Daraus ergibt sich bekanntermaßen die

Zweite digitale Ableitung:

Alles geht auf einmal schief.

Mit der Erfindung von Check-Summen, Korrektur- und Backup-Programmen sowie fehlertoleranten Systemen erschließt sich dem staunenden, zum Objekt degradierten Menschen die Vielseitigkeit der elektronischen Datenverarbeitung durch die

Dritte digitale Ableitung:

Es geht auch schief, wenn es eigentlich nicht schief gehen kann.

Doch mit dem unglaublichen Siegeszug der PCs war der Leidensweg von Anwendern, Programmierern, Entwicklern und anderen ähnlich armen Schweinen noch längst nicht zu einem Ende gekommen. Grafische Benutzeroberflächen und Webbrowser begannen sich weltweit über die Monitore auszubreiten wie Schimmel über feuchte Kellerwände und durchdrangen via Internet sämtliche Regionen dieses Planeten. Ausgerüstet mit Maus und Beruhigungspillen leidet die weltweite Computergemeinde nun auch noch unter der

Vierten digitalen Ableitung (auch »Erste Ableitung der ersten digitalen Ableitung«) von Murphys Gesetz:

Das Gesetz, dass alles, was schief gehen kann, auch schief geht, wird durch den Computer optimiert, von grafischen Benutzeroberflächen zu ungeahnter Vollkommenheit ausgebaut und durch das Internet weltweit verbreitet.

Nicht zuletzt wegen der sich virulent ausbreitenden Netze (beziehungsweise wegen der sich durch die Netze verbreiteten Viren, was letztlich dasselbe ist) hat der Computerbesitzer keine Chance, potenziellen Pannen, dräuenden Datenverlusten, nörgelnden Netzen, mosernden Mäusen, ignoranten Intranets und anstehenden Abstürzen zu entkommen. Schließlich gilt überall in der EDV-Welt das

Gesetz von der plattformübergreifenden Panne:

Der einzige Unterschied zwischen verschiedenen Computersystemen besteht darin, dass der Anwender unterschiedliche Dinge tun muss, um dieselben Pannen zu produzieren.

Es ist also egal, ob der Anwender die <LÖSCHEN> Taste drücken oder ein Dateisymbol mit der Maus auf das Papierkorb- beziehungsweise auf das Shredder-Icon ziehen muss, wenn er eine garantiert nicht mehr benötigte Datei löschen will. Er wird in jedem Fall feststellen (und dies selbstverständlich zu spät), dass sein System stattdessen die einzige Kopie eines dringend benötigten Textes vernichtet hat. Jedoch gilt zur Beruhigung aller die

Erste Erweiterung des Gesetzes von der plattformübergreifenden Panne:

Wenn du bei verschiedenen Computersystemen dasselbe tust, wirst du unterschiedliche Pannen produzieren.

Zweite Erweiterung des Gesetzes von der plattformübergreifenden Panne:

Wenn du bei verschiedenen Computersystemen dasselbe tust, um einem anderen zu beweisen, dass unterschiedliche Pannen dabei herauskommen, wird alles so lange völlig normal und fehlerfrei funktionieren, so lange dieser anwesend ist.

Michaels Erweiterung:

... aber keine Sekunde länger.

Unterschiede bei den grafischen Benutzeroberflächen verschiedener Computersysteme bestehen demzufolge darin, dass kleine, leistungsschwache Computersysteme große, nichtbehebbare Fehler produzieren, leistungsstarke Computersysteme hingegen große, nichtbehebbare Fehler produzieren. Tröstlich immerhin, dass zwischen den Benutzeroberflächen verschiedener Computersysteme noch weitere fundamentale Unterschiede bestehen:

Ausnahme von dem Gesetz der plattform-übergreifenden Panne:

Fehlerbehandlungsroutinen verschiedener Computersysteme sind so unterschiedlich, dass du Erkenntnisse aus Erfahrungen, die du auf dem einen System gemacht hast, nicht auf das andere anwenden kannst.

Erste Erweiterung:

Du wirst sie auch nicht auf das erste anwenden können.

Zweite Erweiterung:

Eine untrügliche Fehlerbekämpfungsroutine auf dem einen Computersystem ist auf einem anderen System die einzige todsichere Methode, deine Daten endgültig und unwiederbringlich zu vernichten.

Dritte Erweiterung:

Auf dem ersten auch.

Werten wir den reichhaltigen Erfahrungsschatz von Anwendern, Programmierern, Entwicklern und anderen armen Schweinen aus, können wir nun Murphys Gesetz und seine digitalen Ableitungen auf den elektronischen Alltag gesetzmäßig anwenden:

Erste elektronische Anwendung von Murphys Gesetz:

Bei Computern ist nichts undenkbar, geschweige denn unmöglich – außer dem Wünschenswerten.

Zweite elektronische Anwendung von Murphys Gesetz:

In der Welt der EDV enden Pannen nicht, sondern gehen ineinander über.

Rhetorische Frage zur dritten elektronischen Anwendung von Murphys Gesetz:

Wozu, glaubst du, haben sich viele hundert Millionen Computer zu einem gewaltigen Netz zusammengeschlossen?

Vierte elektronische Anwendung von Murphys Gesetz:

Computerpannen warten geduldig auf den ungünstigsten Moment, um dann erbarmungslos zuzuschlagen.

Daniels Korrekturanmerkung zur dritten elektronischen Anwendung:

Kann denn eine Panne zuschlagen?

Joachims Antwort auf Daniels Korrekturanmerkung:

Wart's nur ab.

Fünfte elektronische Anwendung von Murphys Gesetz:

Man kann sich bei Computern auf nichts verlassen. Nicht einmal darauf, dass man sich auf nichts verlassen kann.

Sechste elektronische Anwendung von Murphys Gesetz:

1. Du kannst niemals einer großen Panne entgehen, indem du eine kleine produzierst.

2. Im besten Fall wird sich die kleine Panne zur großen hinzugesellen, um diese zu unterstützen.

Siebte elektronische Anwendung von Murphys Gesetz:

Niemand kann sich so viele Pannen vorstellen, wie im Inneren eines Computers passieren.

Gudruns Seufzer:

Du kannst dir aber sicher sein, dass du jede einzelne am eigenen Leibe verspüren wirst.

Gudruns Folgerungen:

1. *Wahrlich große Pannen verhalten sich wie Fernsehintendanten: Sie produzieren möglichst viele Wiederholungen.*

2. *Billige Pannen gibt es nicht.*

3. *War eine Panne doch einmal billig, dann hast du ihren wahren Umfang noch nicht erkannt.*

Je mehr bunte Dinge auf dem Bildschirm zu sehen sind, umso mehr Chancen hat eine Panne, sich zu verstecken. Daraus folgt die

Erste interaktive Anwendung von Murphys Gesetz:

Hinter jedem geöffneten Fenster deiner Benutzeroberfläche wartet eine Computerpanne auf den ungünstigsten Moment, um erbarmungslos zuzuschlagen.

Bei genauerer Betrachtung kann die erste interaktive Anwendung von Murphys Gesetz problemlos erweitert werden durch die

Zweite interaktive Anwendung von Murphys Gesetz:

Auch hinter jedem geschlossenen Fenster deiner Benutzeroberfläche wartet eine Computerpanne auf den ungünstigsten Moment, um dann erbarmungslos zuzuschlagen.

sowie die

Erweiterung der zweiten interaktiven Anwendung von Murphys Gesetz:

Dieses Gesetz gilt selbstverständlich auch für Webseiten, Pop-up-, Pull-down- und andere Menüs, sowie für alles, was sonst auf dem Bildschirm zu sehen oder nicht zu sehen ist.

Da Computer, Netze und elektronische Datenverarbeitung zumindest ursprünglich etwas mit Mathematik zu tun hatten, ist diese allgemeine Einführung in die Computer-Murphyologie nicht vollständig ohne die mathematische Begründung von Murphys Gesetz. Der Leser sollte jedoch berücksichtigen, dass Mathematik und binäre sowie menschliche Logik einerseits und EDV-Anlagen andererseits nichts, aber auch gar nichts miteinander zu tun haben. Selbstverständlich mit der Ausnahme, dass man diesen Satz zu beweisen sucht:

Mathematische Begründung von Murphys Gesetz:

1. *In der EDV gilt unverrückbar der Satz 1+1=2.*
2. *Dabei gilt es aber zu berücksichtigen, dass »=« als Symbol mit der Bedeutung »selten, wenn überhaupt« zu interpretieren ist.*

Abweichungstheorem:

Der Unterschied zwischen digitaler Logik und Murphys Gesetz besteht darin, dass man nach der digitalen Logik eigentlich davon ausgehen müsste, dass alles immer nach der gleichen Methode schief geht.

Binäre Übersetzung des Abweichungstheorems:

Wenn Null besonders groß ist, ist es beinahe so groß wie ein bisschen Eins.

Christianes Verallgemeinerung:

Freue dich, wenn es dir gut geht. Der Zustand wird vorbeigehen.

Regel über die Pflicht zur Schweigsamkeit in der Nähe von Computern:

1. *Sobald du über etwas Positives spricht, wird es verschwinden.*
2. *Sobald du über etwas Schlimmes sprichst, wird es eintreten.*

B. Täter

Wo immer auf dieser Welt ein Computer und ein Mensch zusammenkommen, gibt es Täter und Opfer. Egal was passiert, man gehört immer zu den Opfern. es gilt wie überall im Leben auch in der Welt der Computer das

Allgemeine Opfergesetz:

Egal auf welcher Seite du gerade stehst – diese Seite wird verlieren.

Das Allgemeine Opfergesetz auf den EDV-Bereich angewendet und präzisiert, ergibt die

Digitale Quartettregel:

1. *Bist du ein Anwender, so wirst du gegen Computer, Hardwarehersteller und Programmierer verlieren.*
2. *Bist du ein Hardwarehersteller, so wirst du gegen Computer, Anwender und Programmierer verlieren.*
3. *Bist du ein Programmierer, so wirst du gegen Computer, Hardwarehersteller und Anwender verlieren.*

Die Erweiterung der digitalen Quartettregel auf die so genannte »New Economy« (was die marketingoptimierte Kurzfassung für die Feststellung ist: »Mir ist neu, dass das was mit wirtschaften zu tun hat«) führt zur

Quartettregel der Internet-Wirtschaft:

1. *Bist du ein Start-up-Gründer, so wirst du gegen Banken, Controller und Wagniskapitalisten verlieren.*

2. *Bist du ein Provider, so wirst du gegen Banken, Controller und Wagniskapitalisten verlieren.*

3. *Bist du ein Content-Anbieter, so wirst du gegen Banken, Controller und Wagniskapitalisten verlieren.*

4. *Hast du auf eine andere Art mit dem Internet zu tun, so wirst du gegen Banken, Controller und Wagniskapitalisten verlieren.*

5. *Banken, Controller und Wagniskapitalisten benutzen Computer. Für sie gilt die Digitale Quartettregel*

Folgerungen aus der Quartettregel:

1. *Es kann keine menschlichen Gewinner geben.*

2. *Der Computer gewinnt immer.*

Erweiterung:

Sollte der Computer einmal nicht gewinnen, dann gewinnen Software oder Peripheriegeräte, im besten Fall die Steckdose.

Aufgrund dieser Ableitungen beschäftigen wir uns im folgenden Abschnitt vorwiegend mit den Siegern im allgemeinen Existenzkampf: der Computerhard- und -software sowie deren krimineller Vereinigung, im Volksmund »Internet« genannt.

Jeder Computerbesitzer weiß, dass nicht allein die Unbill der Technik auf ihn wartet. Wer nicht das Glück hat, allein mit seinem Computer Wohnung oder Büro zu teilen, dem drohen weitere Gefahren von so genannten »Freunden«, von Mitbewohnern, Kollegen und Familienangehörigen. Kurz: Die Kombination aus heimtückischer Technik und Computerlaien richtet den maximal möglichen Schaden an.

1.0 Hardware

Hardware ist der geglückte Versuch, die Fehler der Software zu erahnen, vorhandene Irrtümer zu optimieren und zu speichern und mit ständig wachsender Geschwindigkeit zu produzieren. Es gilt

Swansons Prinzip des prelusiven Programmierens:

Jede gegebene Hardware wird lernen, die Fehler der Software zu emulieren, und zwar binnen einer Stunde nach ihrer Beseitigung.

Hardware zerfällt in Computer, Eingabegerät, Drucker, Massenspeicher und andere in Silizium geätzte Heimtücke sowie in den Moment, in dem sie benutzt werden soll.

Hardware ist aus Sicht des Anwenders dazu da, analog der gestellten Aufgabe einwandfrei und mit höchstmöglicher Geschwindigkeit so viele Fehler hervorzubringen, dass in kürzestmöglicher Zeit eine größtmögliche Anzahl von nicht mehr zu korrigierenden Schäden auftritt.

Für Programmierer und Hersteller hingegen ist Hardware dazu da, analog der gestellten Aufgabe einwandfrei und mit höchstmöglicher Geschwindigkeit so viele Fehler hervorzubringen, dass in kürzestmöglicher Zeit eine größtmögliche Anzahl von nicht mehr zu korrigierenden Schäden auftritt.

Doppelgesetz von der komplexen Hardware:

1. *Komplexe Systeme neigen zu komplexen Fehlern.*
2. *Einfache Systeme hingegen neigen zu komplexen Fehlern.*

Erste Erweiterung:

Neue Systeme produzieren neue Fehler.

Zweite Erweiterung:

Neue Systeme wiederholen ihre neuen Fehler.

Dritte Erweiterung:

Alte Systeme produzieren neue und alte Fehler.

Schlussfolgerungen:

1. *Komplexe Systeme neigen dazu, ihr eigenes Funktionieren zu behindern.*
2. *Computer funktionieren nur deshalb, damit sie Fehler produzieren können.*
3. *Systeme neigen zum Wachstum und werden dadurch anmaßend.*

Die abteilungsspezifische Ableitung:

Willst du in deiner Abteilung eine permanente Ausrede für eigene Fehler haben, dann rüste Sie mit Computern aus. Erster Gegensatz von digitaler und analoger Logik:

Menschen, die mit Computern arbeiten, verhalten sich nicht so, wie der Computer verlangt, dass sie sich verhalten sollen.

Zweiter Gegensatz von digitaler und analoger Logik:

Menschen werden sich dann und nur dann vernünftig verhalten, wenn alle anderen Möglichkeiten ausgeschöpft sind.

Dritter Gegensatz von digitaler und analoger Logik:

Systeme, die idiotensicher sind, werden auch nur von Idioten bedient.

Gegensatz von digitaler und digitaler Logik:

Computer, die mit anderen Computern zusammenarbeiten, verhalten sich nicht so, wie die anderen Computer verlangen, dass sie sich verhalten sollen.

Das Assembly-Axiom

Alles, was einmal zusammengesetzt ist, fällt früher oder später auseinander.

Verschärfungen:

1. *Alles fällt früher auseinander.*
2. *Es sucht sich dazu den ungünstigsten Zeitpunkt aus.*
3. *Alle unbeseelten Gegenstände können sich gerade soweit bewegen, dass sie einem im Weg stehen.*
4. *Letzteres gilt insbesondere für CD-ROM-, ZIP- und Disketten-, aber auch für Alertboxen.*

Allgemeine Reparaturgesetze:

1. *Wenn du das kaputte Teil entdeckt hast, fehlt dir das entsprechende Werkzeug, um es auszubauen.*
2. *Wenn du es ausbauen kannst, muss der Computerhändler es an den Hersteller schicken.*
3. *Wenn der Händler es auf Lager hat, ist der Austausch unnötig.*
4. *Die Reparaturkosten lassen sich daraus errechnen, dass man den Reparaturkostenvoranschlag und den*

Preis für ein neues Gerät jeweils mit zwei multiplizierst und den höheren der beiden Werte nimmt.

5. *Ein vom Händler geliefertes Ersatzteil ist in deinem Computer nicht lauffähig.*

6. *Das reparierte Teil ist nach dem Wiedereinbau ebenfalls nicht mehr lauffähig.*

7. *Handelt es sich bei einem Reparaturfall um eine Festplatte, dann wirst du die darauf gespeicherten Daten nie mehr wiedersehen.*

Ausnahme vom siebten Reparaturgesetz:

Du wirst lediglich das Inhaltsverzeichnis der Festplatte wiederherstellen können, um zu sehen, was dir alles verloren gegangen ist.

Gesetz von der selektiven Gravitation:

Ein aus der Hand fallendes Werkzeug fällt immer so, dass es den größtmöglichen Schaden anrichtet.

Das Zeitdilemma der Hersteller:

1. *Kündigst du ein Produkt zu früh an, dann haben es längst alle vergessen, wenn es endlich erscheint.*

2. *Kündigst du es zu spät an, dann ist die Konkurrenz mit einem gleichartigen Produkt schneller.*

3. *Es ist immer zu früh oder zu spät.*

Folgen (auch »Psions Desaster« genannt):

1. *Neuerscheinungen werden immer früher angekündigt, spätestens jedoch sechs Monate vor Fertigstellung des ersten Prototyps.*

2. *Produkte erscheinen immer nach dem angekündigten Erscheinungstermin, frühestens jedoch sechs Monate nach der Ankündigung.*

3. *Bis ein Gerät tatsächlich erhältlich ist, ist es veraltet.*

4. *Die tatsächliche Markteinführung eines Produkts erfolgt immer nach der Ankündigung der Nachfolgegeneration von Seiten der Konkurrenz.*

Logische Konsequenz:

Irgendwann werden sämtliche Hersteller dazu übergehen, Produkte nur noch anzukündigen, um sich Entwicklungs- und Produktionskosten zu sparen.

Franz' Optionalgesetze:

1. *Wenn ein Hersteller sagt, sein Gerät habe diese und jene Option, so heißt das nur, dass der Hersteller bewusst eine wichtige Leiterplatte weggelassen hat, damit du sie dir zusätzlich kaufen musst.*

2. *Die Erweiterung wird mehr kosten als das eigentliche Gerät.*

3. *Die Erweiterung wird funktionieren, allerdings nicht bei dir.*

4. *Wenn du dein Computersystem irgendwann einmal verkaufen willst, wirst du die Erweiterung nicht los.*

Udos Bastelerkenntnisse:

1. *Ein elektronisches Gerät auseinander zu bauen ist einfach.*

2. *Es wieder so zusammenzubauen, dass es hinterher noch funktioniert, ist unmöglich.*

3. *Dagegen treten hilft nur bei anderen.*

1.1 Computer

Die Leistungsfähigkeit eines Computers setzt sich zusammen aus seiner Intelligenz, also der Anzahl der fest eingebauten Fehler, der Geschwindigkeit, mit der er eine größtmögliche Zahl von Katastrophen produziert, und der Antwortzeit, der Zeit also, die der Computer braucht, um sich von deiner Eingabe zu erholen.

Seit Jahren ist die Computerindustrie mit zunehmendem Erfolg dabei, die Leistungsfähigkeit und Fehleranfälligkeit ihrer Systeme zu erhöhen und damit eine immer größere Zahl von Support-Ingenieuren, Reparaturbetrieben, Installationsfachleuten und Troubleshooting-Experten in Lohn und Brot zu setzen. Diesem wachsenden Markt steht die immer kleiner werdende Zahl von Firmen gegenüber, die noch ohne Computer in der Lage sind, positive Bilanzen zu erreichen. Ganz zu schweigen von der winzigen Zahl von Firmen, die noch in der Lage sind, trotz ihrer Computer positive Bilanzen zu erreichen.

Murphys Gesetz wird, wie wir festgestellt haben, durch den Computer optimiert. Da diese Regel sowohl für das Computersystem an sich als auch für die Beziehung zwischen dem Computer und dem Rest der Welt gilt, sind die Chancen groß, dass es schon in absehbarer Zeit außer Computerherstellern und Computerreparaturbetrieben keine anderen Firmen mehr gibt, bis auch diese aufgrund obligatorischer Computerfehler Konkurs anmelden und eine Gesellschaft übrig bleibt, in der ausser Computerfehlern nichts mehr existiert. Der erste Schritt in diese Richtung nennt sich "Internet-Wirtschaft", fremdwortisch auch »E-Business« (sprich: »Eklektisches Business«) genannt.

Das endgültige Preisgesetz:

Gleichgültig, wie teuer du ein Computersystem einschätzt: Es wird am Ende stets teurer als erwartet.

Platts Berechnung des endgültigen Preisgesetzes (auch unter dem Namen »gemeines Erweiterungsfieber« bekannt):

$K > (J * (1000 + A / 15)) + (1,5 * B) + A / 20$

Dabei sind K die Gesamtkosten in Euro nach Jahren, wenn der Anwender ein jährliches Nettoeinkommen von A besitzt und sich einbildet, sein System würde B Euro kosten.

Beispiel für Platts Berechnung des endgültigen Preisgesetzes:

*Ein PC, von dem der Verkäufer sagt, er koste 2.000 Euro, wird einen Anwender mit einem jährlichen Nettoeinkommen von 36.000 Euro, inklusive Software, Schulungen, Computerbüchern und -zeitschriften sowie der dringend erforderlichen Erweiterungen, nach einem Jahr insgesamt also mindestens 8.200 Euro kosten: (1 * (3.400)) + (3.000) + 1.800*

Das Dimensionsmirakel:

Jeder Computer ist zu klein.

Präzisierungen:

1. *Hat der Computer eine ausreichend große Festplatte, dann ist sein Hauptspeicher zu klein.*

2. *Hat er genügend Hauptspeicher, dann ist die Festplatte zu klein.*

3. Sind Festplatte und Hauptspeicher ausreichend dimensioniert, dann besitzt er ein Betriebssystem, das

   a) eines von beiden oder beides nicht unterstützt

   b) eine Speicherverteilung benötigt, die das vorhandene Anwendungsprogramm nicht versteht.

Die Slot-Erweiterung zum Dimensionsmirakel:

1. Auf jeden Fall besitzt dein Computer einen Steckplatz der benötigten Sorte zu wenig.

2. Das stellst du erst dann fest, wenn du dir eine neue Steckkarte gekauft hast.

Die Erweiterungskonkretisierung:

1. Mit einem größeren System steigt die Zahl der verborgenen Pannen.

2. Mit einem größeren System steigt auch die Zahl der offensichtlichen Pannen.

Die Menükonkretisierung (auch: "Browsergesetz" genannt):

1. Jedes Pop-up-, Pull-down- oder sonstige Auswahlmenü ist für den zur Verfügung stehenden Monitor und die angegebene Auflösung zu klein.

2. Besitzt ein Auswahlmenü n Felder, so steht der gewünschten Menüpunkt an Position n+1.

3. Du musst folglich stets auf den Rollbalken klicken, bevor du den gewünschten Menüpunkt anklicken kannst.

Die »OS XI«-Ergänzung des Dimensionsmirakels:

Wenn du dein Computersystem auf die richtige Größe erweitert hast, wird eine neue Betriebssystem- oder Oberflächenversion auf den Markt kommen, für die Hauptspeicher, Festplatte oder beides zu klein sind.

Update-Erfahrungs-Leitsatz:

Die Zeit, in der ein elektronisches Gerät veraltet, verhält sich direkt proportional zu seinem Anschaffungspreis.

Generelle Update-Erfahrung:

Die neue Version funktioniert ohne teure Hardwareerweiterung nicht.

Verschärfung der generellen Update-Erfahrung:

Sie funktioniert auch mit teurer Hardwareerweiterung nicht.

Verschärfungen der Verschärfung:

1. *Mit der teuren Hardwareerweiterung funktioniert auch die alte Version nicht mehr.*

2. *Baust du die teure Hardwareerweiterung aus, wirst du feststellen, dass du die alte Version bereits gelöscht hast.*

3. *Der einzige Mensch im technischen Support des Herstellers, der dir bei deinem Problem helfen könnte, hat soeben einen sechswöchigen Urlaub angetreten.*

4. *Nach Ablauf der sechs Wochen ist er für acht Wochen auf Schulung.*

5. *Wenn du danach nochmals anrufst, hat er die Firma verlassen.*

6. *In jedem anderen Fall wird er dir auch nicht weiterhelfen können.*

7. *Für das am dringendsten benötigte Peripheriegerät wird kein funktionsfähiger Treiber verfügbar sein.*

8. *Die Website der Firma wird nicht funktionieren und selbst wenn weder den Treiber noch eine Kontakt-E-Mailadresse aufweisen.*

Jaruks Wartungsgesetze:

1. *Wenn es billiger wäre, einen neuen Computer zu kaufen, besteht die Firma auf Reparatur.*

2. *Wenn es billiger wäre, das alte System zu reparieren, besteht die Firma auf dem neuesten Modell.*

Erstes generelles Update-Gesetz:

Wenn du dich an eine bestimmte Art des Arbeitens mit einem Programm gewöhnt hast, erscheint eine neue Version, die völlig anders bedient werden muss.

Zweites generelles Update-Gesetz:

Es erscheint auch dann eine neue Version eines Programms, wenn du dich endlich dazu aufgerafft hast, dir für die Fehler der alten Version Work-arounds zu schreiben.

Logische Erweiterung des zweiten generellen Update-Gesetzes:

Zwar sind die Fehler der alten in der neuen Version nicht behoben, jedoch äußern sie sich auf andere Art, weswegen die Work-arounds der alten Version nicht mehr funktionieren.

Thomas' Erkenntnis vom Fortschritt:

Der einzige Fortschritt bei einer neuen Version ist der, dass die Zahl der Inkompatibilitäten höher ist.

Norberts Ergänzung:

... und dass du deshalb mehr Geld für weitere Updates ausgeben musst.

Die Windows-Installationsregel:

Die Windows-Vorgaben werden auf deinem Computersystem stets das schlechteste mögliche Ergebnis hervorrufen.

Konkretisierungen:

1. *Die Farben werden so installiert sein, dass du nichts erkennen kannst.*
2. *Die Schriften werden so installiert sein, dass du nichts lesen kannst.*
3. *Die Schnittstellen werden so installiert sein, dass du die Maus nicht bewegen kannst.*
4. *Das Desktop wird so installiert sein, dass du nichts findest.*
5. *Die Tastatur wird so installiert sein, dass du nur kryptische Zeichen tippen kannst.*
6. *Der Drucker wird so installiert sein, dass er nichts druckt.*
7. *Du wirst als Ländereinstellung bestenfalls »Altgriechisch« bekommen.*
8. *Datum und Uhrzeit werden das falsche Format haben und außerdem die Systemzeit des kaputtgegangenen Computers auf dem Schreibtisch daneben verwenden.*

9. Der von dir verwendete Netzadapter wird Windows nicht unterstützen.

10. Die einzig möglichen Einstellungen für den virtuellen Speicher werden 1024 Byte oder 128 TByte sein.

11. Es wird nur dann Sound installiert sein, wenn du keinen willst.

12. Im anderen Fall wird Windows schweigen.

13. Die mitgelieferten Treiber deiner Hardware wird Windows nicht finden.

14. Windows wird bei seiner Installation nur diejenigen Treiber und Zusatzprogramme überschreiben, die bisher auf deinem Computersystem ihre Arbeit klaglos und weitgehend fehlerfrei verrichtet haben und sie durch fehlerhafte und mit deinem Computersystem nicht zusammenarbeitende ersetzen.

15. Die bislang fehlerhaften oder mit deinem Computersystem nicht zusammenarbeitenden Treiber und Zusatzprogramme bleiben erhalten.

Verallgemeinerung:

Dein »Windows-kompatibles« Programm wird mit jeder Sekunde seiner Existenz inkompatibler. Wo das nicht hilft, hilft Microsoft.

Die Plug&Play-Erkenntnis:

1. Dein System ist immer nur 99-prozentig kompatibel.

2. Das von dir am häufigsten genutzte Programm greift auf das letzte Prozent zu und stürzt unter Datenverlust ab.

Die Styroporvorhersage:

a) Je einfacher die Gebrauchsanleitung (beispielsweise: »hier ziehen«), desto schwieriger ist es, alle Einzelteile heil aus dem Verpackungsmaterial zu schälen.

b) Das wichtigste Teil wird immer mit der Verpackung weggeschmissen.

c) Du wirst nie wieder alle Einzelteile der Verpackung in den umhüllenden Karton bekommen, um diesen wegräumen zu können.

d) Sobald der Computer die Verpackung verlassen hat, wird er nie wieder hineinpassen.

Mengenmäßige Relation der Styroporvorhersage:

Je mehr Verpackungsmaterial zum Einsatz kommt,

a) umso mehr Teile sind nach dem Auspacken zerstört,

b) umso mehr Teile sind nicht mehr aufzufinden.

Die zwanzig Bauteilgesetze:

1. Ein kostspieliger Chip, geschützt durch eine schnell reagierende Sicherung, wird die Sicherung schützen, indem er zuerst durchbrennt.

2. Bauteile funktionieren so lange und wirklich nur so lange, bis sie die Eingangskontrolle passiert haben.

3. Nachdem du bereits alle 16 Halterungsschrauben am Computergehäuse entfernt hast, wirst du feststellen, dass du die falsche Abdeckung entfernt hast.

4. Nachdem eine Abdeckung durch 16 Schrauben gesichert wurde, wirst du feststellen, dass du ein Anschlusskabel oder eine Steckbrücke vergessen hast.

5. *Jeder Schaltkreis, der entwickelt wird, enthält mindestens zwei Teile, die veraltet sind, zwei Teile, die nicht erhältlich sind, und zwei Teile, die noch entwickelt werden müssen.*

6. *Nachdem der Computer wieder in Betrieb genommen wurde, findest du restliche Teile auf dem Arbeitsplatz.*

7. *Toleranzen werden sich zum Zwecke der größten Schwierigkeiten beim Montieren ansammeln.*

8. *Diejenigen Steckplätze oder Chipsockel, in die du etwas einstecken oder einbauen willst, sind die am schlechtesten zugänglichen.*

9. *Für alle komplizierten Montagen brauchst du drei Hände.*

10. *Für alle einfachen Montagen brauchst du vier Hände.*

11. *Gehäusebohrungen sind Millimeter zu klein.*

12. *Ein exakt abgeschnittenes Kabel ist immer fünf Millimeter zu kurz.*

13. *Bohrungen mit dem richtigen Durchmesser sind an der falschen Stelle.*

14. *Muttern passen nie auf überzählige Schrauben.*

15. *Pläne haben künstlerischen Wert. Mit der realen Situation haben sie nichts zu tun.*

16. *Explosionszeichnungen haben ihren Namen von der Reaktion des Anwenders auf ihre Fehlerhaftigkeit.*

17. *Die Wahrscheinlichkeit des Verschwindens eines Bauteils ist direkt proportional zu seiner Bedeutung.*

18. *Die Wahrscheinlichkeit des Ausfalls eines Bauteils verhält sich umgekehrt proportional zu seiner Wiederbeschaffbarkeit.*

19. *Die Lieferbarkeit eines Bauteils verhält sich umgekehrt proportional zu den Zusicherungen des Verkäufers.*

20. *Um eine n-polige Verbindung herzustellen, hat man einen (n+1)-poligen Stecker und eine (n-1)-polige Buchse.*

Die ISDN-Adapter-Verschärfungen:

1. *Das mitgelieferte Kabel ist immer zu kurz, um es mit der Telefondose zu verbinden.*

2. *In jedem anderen Fall kommst du nicht mehr an die Steckdose.*

Die Batteriebanalität:

Der Notebook-Akku ist immer eine Minute vor dem Speichern leer.

Relation zwischen Batterie und Arbeit:

Je mehr ungespeicherten Text man hat, umso schneller entleeren sich die Akkus.

Das Privatnutzungsaxiom:

Computer, die tagsüber perfekt funktionieren, versagen nachts, wenn du ins Büro zurückgehst, um sie für Privatgeschäfte zu verwenden.

Gesetz vom Kundendienst:

Kaputte Computer funktionieren, solange der Kundendienst anwesend ist.

1.2 Eingabegeräte

Die Computerindustrie bezeichnet Tastatur, Maus, Joystick, Gamepad, Trackball und Digitalisierbrett gerne als »Benutzerschnittstelle«. Was unter konsequenter Anwendung von Murphys Computergesetzen eigentlich nicht anderes bedeutet, als dass sich der Benutzer geschnitten hat, wenn er meint, er könne mit einem dieser Geräte vernünftig arbeiten.

Während eine Tastatur dazu gemacht wurde, mit unlogischen Cursorbewegungen aus unübersichtlichen Menüs schwer verständliche Befehle auszuwählen, die besser per Maus angewählt werden, dienen Maus, Joystick, Gamepad, Trackball und Digitalisierbrett dazu, mit unlogischen Maus-, Gamepad-, Trackball-, Joystick- und Digitalisierstiftbewegungen aus unübersichtlichen Menüs schwer verständliche Befehle auswählen, die besser per Tastatur angewählt werden und dabei Satz, Inhalt, Subjekt und Objekt durch so lange und komplizierte Satzkonstrukturen durcheinander zu würfeln, bis es Autor, Lektor, Leser und Textverarbeitungsprogramm schwindelig wird.

Wirklich zukunftsorientierte Computerbesitzer verwenden deshalb Spracheingabegeräte. Erst mit diesen ist es möglich, die höchste Stufe des Missverstehens zwischen Computer und Bediener zu erreichen.

Die grundlegenden Tastaturerkenntnisse:

1. *Deine Tastatur hat immer eine Taste weniger, als dein bevorzugtes Programm unterstützt.*

2. *Deine Tastatur hat immer eine Taste zu viel, die kaputt gehen kann und wird.*

Die grundlegende Mauserkenntnis über die Kompatibilität:

Kaufst du dir eine Drei-Tasten-Maus, wirst du dein Leben lang kein Programm finden, dass diese dritte Taste unterstützt. In dem Moment, wo du auf eine Zwei-Tasten-Maus umsteigst, wirst du vorwiegend mit einem Programm arbeiten müssen, das die dritte Taste sinnvoll einsetzt.

Die Rädchenerweiterung:

Das Rädchen an deiner Maus funktioniert nur bei Anwendungen, die du nicht brauchst.

Die grundlegende Digitalisierbretterkenntnis:

Egal, seit wann du dein Digitalisierbrett hast – die Folie über den wirklich wichtigen Funktionen ist immer zerkratzt genug, um diese regelmäßig zu verwechseln.

Die grundlegende Barcodestift-Erkenntnis:

Du wirst mit deinem Barcodestift alles Unwichtige fehlerfrei einlesen können, das Etikett deines Jacketts genauso wie den Preis der Frühstücksflocken. Nur an den Barcodes, die dein Programm ausgibt, wird er scheitern.

Die grundlegende Touchscreen-Erkenntnis:

Ein Touchscreen-Treiber wird nur dann mit deinem System kompatibel sein, wenn du Monitor und Touchscreen über den Schreibtisch rollst.

Der Trackball/Maus-Unterschied:

1. Du hast immer mehr Platz für eine Maus auf deinem Schreibtisch, als dass du die Unannehmlichkeiten eines Trackball-Einsatzes in Kauf nehmen würdest.

2. *Du hast immer weniger Platz auf deinem Schreibtisch, als deine Maus braucht.*

Der Trackball-Vorteil:

Du wirst mit einem Trackball weniger Fehler machen als mit der Maus, da der Trackball-Treiber stets mangels Kompatibilität einen unbeweglichen Mauszeiger auf dem Bildschirm produziert.

Die grundlegende Systemsteuerungserkenntnis:

Egal, wie du die Maus- und Tastatur-Parameter in der Windows-Systemsteuerung einstellst, sie sind zum Arbeiten stets unbrauchbar.

Konkretisierungen der grundlegenden Systemsteuerungserkenntnis:

1. *Deine Mauszeigergeschwindigkeit ist zu hoch oder zu niedrig.*
2. *Stimmt deine Mauszeigergeschwindigkeit, ist deine Doppelklickgeschwindigkeit zu hoch oder zu niedrig.*
3. *Ist deine Maus richtig eingestellt, ist deine Tastaturwiederholrate zu niedrig oder zu hochhhhhhhhhhh.*

Icon-Anwendung der grundlegenden Systemsteuerungserkenntnis:

1. *Wenn du zu schnell auf das Icon klickst, tut sich nichts, weil du zu schnell geklickt hast.*
2. *Wenn du zu langsam auf das Icon klickst, tut sich nichts, weil du zu langsam geklickt hast.*
3. *Wenn du nur einmal auf das Icon klickst, tut sich nichts, weil du nur einmal geklickt hast.*

4. *Wenn du in der richtigen Geschwindigkeit zweimal auf das Icon klickst, tut sich nichts, weil du nur einmal hättest klicken dürfen.*

5. *Ansonsten tut sich nichts, weil Windows abgestürzt ist.*

6. *Im Web tut sich nie was – außer dem Ticken des Gebührenzählers.*

Das Wurstfinger-Phänomen:

Tippst du zwei Tasten gleichzeitig, wird derjenige Buchstabe auf dem Monitor erscheinen, den du nicht tippen wolltest.

Gesetz der Pull-down-Menüs

1. Du klickst immer den Menüpunkt daneben an.

2. Stehen zwei falsche Menüpunkte zur Auswahl, wird der Mauszeiger denjenigen aktivieren, dessen Auswirkungen am schwersten wiegen und bei dem die Herstellung des ursprünglichen Zustands am meisten Zeit erfordert.

Gregors erster Seufzer:

Es fällt immer die Taste aus, die am häufigsten benutzt wird. Also immer »E« oder die Leertaste, niemals jedoch die »Pause«- oder die »F12«-Taste.

Die Return-Ergänzung zu Gregors erstem Seufzer:

Wenn schon die Return-Taste ausfällt, dann ist es die auf der alphanumerischen Tastatur, niemals die auf dem Zahlenblock.

Ausnahme:

Wenn du überwiegend mit der Maus arbeitest und die Tastatur nur dafür brauchst, um lange Zahlenkolonnen einzutippen, verhält es sich genau umgekehrt.

Gregors zweiter Seufzer:

Es fällt an deiner Maus immer die rechte Taste aus.

Ergänzung zu Gregors zweitem Seufzer:

Wenn du in der Systemsteuerung die Maustasten austauscht, wird die linke Taste ausfallen und die rechte wieder gehen.

Drei-Tasten-Maus-Verallgemeinerung von Gregors zweitem Seufzer:

An einer Drei-Tasten-Maus wird niemals die mittlere Taste ausfallen.

Das Schnittstellenphänomen

Der Joystick steckt immer in der Schnittstelle, die der Treiber nicht anspricht.

1.3 Drucker

Ein Drucker zerfällt in den stets verstopften Druckkopf, eine zu kleine Papierzuführung, ein nicht passendes Kabel, ein leeres Farbband beziehungsweise eine leere Tonerkassette sowie eine den Computer nicht verstehende Elektronik – und dies genau in dem Moment, wenn man ihn anschaltet.

Darüber hinaus ist der Drucker der letzte Notnagel digitaler Heimtücke. Schließlich gilt zur Erfüllung von Murphys Gesetz

Die Ultima Ratio des Ausdruckens:

1. *Wenn alles funktioniert hat, wird der Drucker versagen.*
2. *Wenn der Drucker nicht versagt, werden die ausgedruckten Ergebnisse falsch sein.*
3. *Stimmen die Ergebnisse, wirst du sie nicht entziffern können.*
4. *Stimmt alles, interessiert sich niemand für deine Ergebnisse.*

Es gibt vier Kategorien von Druckern, die im nachfolgenden Kapitel gleichberechtigt nebeneinander behandelt werden, da sie keine prinzipiellen Funktionsunterschiede aufweisen:

– lokale Arbeitsplatzdrucker, die deine Druckjobs wegwerfen

– Lokale Arbeitsplatzdrucker, deren Treiber deine Druckjobs wegwerfen

– Netzwerkdrucker, die die Druckjobs der anderen drucken und deine wegwerfen

- Netzwerkdrucker, die die Druckjobs der anderen wegwerfen und deine Jobs wegwerfen

Adobes Druckgrundsatz:

Ein Ausdruck ist nie vollkommen.

Verallgemeinerung:

Spätestens dein Druckertreiber wird dafür sorgen, dass alles ausgedruckt wird. Außer dem Wichtigen.

Konkretisierungen der Verallgemeinerung:

1. *Dein Tabellenkalkulationsprogramm wird zum Beispiel Zellenrahmen, Raster und Dateinamen, nicht jedoch irgendwelche Zahlen drucken.*

2. *Dies passiert dann und nur dann, wenn du den Ausdruck dringend benötigst und keine Zeit hast, Drucker oder Druckertreiber zu wechseln.*

Die Manuskriptkonkretisierung von Adobes Druckgrundsatz:

Den Fehler auf einem Ausdruck entdeckst du erst, wenn du dir die Kopie ansiehst und der Brief mit dem Ausdruck bereits im Briefkasten liegt.

Die Grafikkonkretisierung von Adobes Druckgrundsatz:

1. *Der Ausdruck passt nie auf eine Seite.*

2. *Der Ausdruck passt auch dann nicht auf eine Seite, wenn dein Programm dir in der Preview nur eine Seite angezeigt hat.*

Der mathematische Druckerpapierbeweis:

Bei einem auszudruckenden Text der Länge n Seiten ist die zur Verfügung stehende Restmenge an Druckerpapier n-1 Blatt.

Die Zwei-Schacht-Erweiterung des mathematischen Druckerpapierbeweises:

1. *Bei einem Drucker mit zwei Schächten wird dein Windows-Druckertreiber vollautomatisch erkennen, dass der gewünschte Schacht leer ist und auf den anderen Schacht umstellen.*

2. *Du wirst in diesem Fall die letzten im Haus befindlichen Bögen von Laserformularvordrucken oder teurem Briefpapier verhunzen.*

Cornelias Diplomgesetz:

1. *Der Drucker, auf dem du deine Diplomarbeit drucken willst, steht dir einen Tag vor dem Abgabetermin nicht zur Verfügung.*

2. *Wenn es dir gelingt, einen zweiten Drucker aufzutreiben, fehlt dir der Windows-Treiber dafür.*

3. *Treibst du auch den noch auf, dann besitzt der zur Verfügung stehende Drucker die Schriften nicht, mit denen du deinen Text formatiert hast.*

4. *Kennt er wider Erwarten die Schriften, dann geht mitten im Ausdruck wahlweise*

– der Toner aus

– das Farbband aus

– die Druckwalze kaputt

– der Druckkopf kaputt

– die Entwicklereinheit kaputt

Das TIFF-Gesetz:

1. *Ein nicht behebbarer Fehler im Drucker tritt nur dann auf, wenn du eine sehr große Datei ausdruckst, bei der Windows lange braucht, um sie in den Spooler zu schikken.*

2. *Wenn der Drucker die Datei anstandslos verarbeitet, hat er Papierstau, druckt auf das falsche Papier oder den falschen Schacht.*

3. *Dieser Fehler ist beliebig reproduzierbar, es sei denn, dein Chef fragt dich, warum du zum Ausdrucken so lange brauchst.*

Das Reimer-Syndrom (auch »gemeiner Etiketten-schwindel« genannt):

Ein Drucker wird anstandslos auf Etiketten drucken, solange du anwesend bist. In dem Moment, in dem du den Raum verlässt, bleiben die Etiketten im Papiereinzug kleben.

Der Auflösungsdreisatz:

1. *»Hohe Auflösung« bedeutet, dass ein Kreis gedruckt aussieht wie Stonehenge von oben – nur verschmiert.*

2. *»Mittlere Auflösung« bedeutet, dass ein Kreis gedruckt aussieht wie Stonehenge von oben – nur unscharf.*

3. *»Niedrige Auflösung« bedeutet, dass ein Kreis gedruckt aussieht wie Stonehenge von oben – nur klotziger.*

Gegeben ist ein Anwendungsprogramm mit beliebig vielen CD-ROMs, auf denen sich beliebig viele Druckertreiber befinden.

Daraus lässt sich ableiten:

Petras Druckertreiberanalyse:

1. Dein Drucker ist bei der Treibersammlung nicht dabei.

2. Ist ein Treiber für deinen Drucker dabei, dann ist er kaputt.

3. Ist er vorhanden und nicht kaputt, dann arbeitet er nicht mit der Anwendung zusammen.

4. Ist er vorhanden, nicht kaputt und arbeitet mit der Anwendung zusammen, dann beherrscht er ausschließlich den altgriechischen Zeichensatz und druckt nur im tibetanischen Dreiecksformat von links unten nach rechts oben.

7. Alternativ arbeitet er nur mit der Betriebssystemsversion zusammen, für die deine Anwendungsprogramme nicht konzipiert sind.

Die Tintenstrahlerweiterung

Tintenstrahldrucker kennen nur schwarz oder weiß: Entweder hinterlassen sie das Papier unverändert oder sie besprühen alle sechs Seiten eines Blattes gleichmäßig mit Tinte.

Dieses Gesetz gilt natürlich insbesondere für Farbdrucker.

Das allgemeine PostScript-Postulat:

1. Die benötigte Schrift fehlt.

2. Ist die Schrift vorhanden, fehlt der gewünschte Schriftschnitt.

3. Ist beides vorhanden, druckt der Drucker sie in der falschen Größe an die verkehrte Stelle.

4. In allen anderen Fällen steigt er mit einer Fehlermeldung aus und bricht den Druckvorgang ab.

Das spezifische PostScript-Postulat (auch als »Postulat vom kleinsten gemeinsamen Vielfachen« bekannt):

1. *Was der PostScript-Standard ist, definieren Drucker und Programm völlig unterschiedlich.*

2. *Die einzige Schrift, auf die sich beide verständigen können, wird Courier 10 pt sein.*

Ausnahme des spezifischen PostScript-Postulats:

Satz 2 gilt nur, wenn du diese Schrift nicht brauchen kannst. Willst du Courier 10 pt einsetzen, werden Drucker und Programm sich auf die Konvertierung sämtlicher ASCII-Zeichen in die »Zapf Dingbats«-Schrift einigen.

Behmes WYSIWYG-Definition:

Die französische Übersetzung von WYSIWYG ist »Honni soit qui mal y pense«.

Rückübersetzung von Behme's WYSIWYG-Definition:

Die englische Übersetzung von WYSIWYG ist »What You see is what you might get«.

Die WYSIWYNG-Verschärfung:

Sobald bei dir irgendwelche Hoffnungen auftauchen, du würdest dich mit der Arbeit einem Ende nähern lautet die englische Übersetzung von WYSIWYG »What You see is what you never get«.

Gemeine Internet-Regel

Was du drucken kannst, wirst du nicht nach HTML exportieren können.

Nach Murphy geht das natürlich auch umgekehrt:

Erweiterungen der gemeinen Internet-Regel

1. *Was du nicht nach HTML exportieren kannst, wirst du nicht drucken können.*

2. *Was du nicht drucken kannst, wirst du nicht nach HTML exportieren können.*

Allgemeine Belichtungsregel

Es gibt vier voneinander völlig unterschiedliche Arten der Darstellung eines Dokuments:

1. *die Art, wie es dein Programm auf dem Bildschirm anzeigt*

2. *die Art, wie es dein PostScript-Drucker druckt*

3. *die Art, wie es das Belichtungsstudio ausgibt*

4. *die Art, wie du es gerne hättest*

Charles' Grundregel:

Ein Drucker wird nie so wenig Daten bekommen, als dass er nicht mindestens ein Blatt Papier mit Schrottzeichen versauen könnte.

Charles' erweiterte Regel:

Egal wie viel Schrott ein Drucker druckt – er wird dabei mindestens eine Zeile über das letzte komplett vollgeschriebene Blatt hinausdrucken.

1.4 Massenspeicher

Massenspeicher zerfallen in DVD-, Disketten-, Band-, ZIP-, CD-ROM-, Festplatten- oder Winchesterlaufwerke sowie in den Moment, in dem auf ihnen wichtige Daten gespeichert sind.

Der Unterschied zwischen den verschiedenen Laufwerkarten liegt in der Zugriffszeit, worunter in der Computerwelt die Zeitdauer verstanden wird, die ein Laufwerk braucht, um

a) *die gesuchte Datei nicht zu finden und*

b) *während dieser Suche alle anderen wichtigen Dateien so zu zerstückeln, dass es weniger Arbeit bedeutet, sie neu einzugeben als sie zu reparieren.*

Bei einem Winchesterlaufwerk (also dem Gerät, das dazu da ist, Dateien zu zerschießen) sind Intelligenz, Perfidie und Heimtücke auf einem so genannten Festplattencontroller untergebracht. Dieser sorgt unter anderem dafür, dass Dateien prinzipiell fünf Minuten vor dem täglichen Backup ruiniert werden oder dass garantiert unwichtige Dateien (zum Beispiel die README-Datei eines längst gelöschten Programms) von diesem Zerstörungsvorgang auf jeden Fall verschont bleiben.

Band- und Diskettencontroller erfüllen ihre murphyologischen Aufgaben, indem sie sicherstellen, dass ausschließlich diejenigen Bänder reißen beziehungsweise diejenigen Disketten nicht mehr lesbar sind, auf denen die einzige aktuelle Datenversion gespeichert ist.

Die Backup-Prämissen:

1. *Ein Backup braucht immer eine Diskette oder ein Band mehr, als du vorrätig hast.*

2. *Ein Backup-Programm wird in dem Moment versagen, wo du es benötigst.*

Erste Ableitung:

Das Backup-Programm wird bei seinem Versagen mit der zerstörten Dateiversion die einzig noch vorhandene Sicherheitskopie überschreiben.

Zweite Ableitung:

Wenn du das Backup zurückspielen willst, wirst du feststellen, dass die einzige Version von RESTORE auf der Platte (und nur dort) war, bevor du sie formatiert hast.

Die CD-ROM-Regel:

Wenn eine CD im Laufwerk klemmt, wende Gewalt an. Wenn das Laufwerk dabei kaputt geht, hätte es sowieso erneuert werden müssen.

Der Lesefehler-Lehrsatz:

Ein Lesefehler tritt nur bei der Datei auf, die du noch unbedingt brauchst und von der du keine Kopie hast.

Gesetz von der Geheimhaltung von Dateien:

Wenn eine Information vertraulich ist, bleibt sie aus Versehen als Datei auf der Diskette. Ein eventuell vorhandener Verschlüsselungsmechanismus wurde vergessen.

Erweiterung des Dateigeheimhaltungsgesetzes:

Sie wird zufällig von demjenigen gefunden und gelesen, vor dem sie verborgen wurde.

Götz' erste Erkenntnis der allgegenwärtigen Unsicherheit:

Erst wenn du – beispielsweise beim Formatieren – »J« auf die Frage des Programms: »Sind Sie sicher?« geantwortet hast, fällt dir ein, dass du dir ganz und gar nicht sicher bist.

Götz' verschärfte Erkenntnis der allgegenwärtigen Unsicherheit:

Wenn du danach die Diskette kontrollierst, bist du dir sicher: du hast soeben deine wichtigste Datei gelöscht.

Grundregel von der Unentrinnbarkeit klebriger Flüssigkeit (Auch der »Cola-und-Süßer-Kaffee-Lehrsatz« genannt):

Du wirst eine Kaffeetasse oder ein Colaglas auf deinem Schreibtisch nur dann umwerfen, wenn noch Flüssigkeit drin ist.

Folgerungen:

1. *Die auslaufende Flüssigkeit bahnt sich mit gnadenloser Präzision den Weg zur wichtigsten Diskette auf dem Schreibtisch.*

2. *Ihr Weg dorthin führt über die Ausdrucke und schriftlichen Entwürfe, von denen weder eine Kopie noch eine Datei existiert.*

3. *Die Flecken werden auf diesen Aufzeichnungen die wichtigsten Stellen für immer unlesbar machen.*

4. *An der Zieldiskette angekommen wird die Flüssigkeit in die Schreib-Lese-Öffnung fließen.*

5. Stehen mehrere Disketten zur Auswahl, wird die Flüssigkeit in die Diskette fließen, auf der die höchste Zahl von Dateien sind, deren Inhalt nicht wiederbeschaffbar ist.

6. Die Diskette ist anschließend nicht mehr zu lesen.

7. Sind auf der Diskette trotzdem noch einzelne Dateien zu lesen, dann die unwichtigen (zum Beispiel die Textdatei mit dem Einkaufszettel von letzter Woche).

8. Ein Restaurationsprogramm wird alle Sektoren der Diskette wieder lesbar machen. Mit Ausnahme des entscheidenden.

Die Boxgesetze

1. Du bekommst einen Datenträger leichter in die Schachtel hinein als wieder hinaus.

2. Die Plastiktrenner in der Datenträgerbox dienen dazu, dir den Blick auf die gesuchte Scheibe zu versperren.

3. Ansonsten klappen sie die gesuchte Scheibe nach vorne.

4. Ein Datenträger ist nie in dem Fach, in dem du ihn suchst.

5. Du wirst den Schlüssel nie vermissen. Nur dann, wenn du die Box einmal versehentlich abschließt.

6. Datenträgerboxen lassen sich nicht stapeln.

7. Sie werden dir so lange das Gegenteil beweisen, bis du eine von ihnen berührst. Dann werden alle zugleich umfallen und ihren Inhalt auf den Fußboden verstreuen.

Satz von der gesundheitsfördernden Wirkung von Datenträgerboxen

Wenn du eine Datenträgerbox abschließt, um sie zu transportieren, wird das Schloss aufspringen. Dabei werden sämtliche Scheiben herausfallen und sich im größtmöglichen Abstand voneinander im Zimmer verteilen.

Der De-Lates-Seufzer:

Auf einer falschen CD-ROM kannst du lange und vergeblich suchen.

Murphys Erweiterung des De-Lates-Seufzers:

Du kannst auch auf der richtigen CD-ROM lange und vergeblich suchen.

Evis Folgerung aus Murphys Erweiterung des De-Lates-Seufzers:

Du kannst auf jeder CD-ROM lange und vergeblich suchen.

Das CD-ROM-Dilemma:

Wenn du ein CD-ROM-Laufwerk installiert hast, wird jedes Programm, mit dem du es ansprichst, versuchen, auf dieses Laufwerk schreibend zuzugreifen und abstürzen.

Erweiterung:

Kratzer auf CD-ROMs sind nur an den Stellen, an denen die Daten sind, die du brauchst.

Das Gesetz der CD- und DVD-Brenner:

Brenner haben ihren Namen von der Wichtigkeit der Daten, die sie beim Betrieb vernichten.

2.0 Software

Software ist der geglückte Versuch, die Fehler der Computerhardware zu optimieren und neue Fehler durch Weiterentwicklung hinzuzufügen.

Software setzt sich zusammen aus Betriebssystemen sowie Browsern, Textverarbeitungs-, Dateiverwaltungs-, Grafik-, Tabellenkalkulations- und Telekommunikationsprogrammen, die wiederum allesamt nichts anderes sind als verschiedene Erscheinungsformen von in compilierte Programmzeilen gegossene Hinterhältigkeit.

Die einzige Aufgabe, die Computersoftware aus der Sicht des Anwenders erfüllt – neben der Fähigkeit, die Konten der Hersteller zu füllen –, besteht darin, reibungslos, aufgabengemäß und mit hohem Datendurchsatz so zu versagen, dass in kürzestmöglicher Zeit der größtmögliche Schaden angerichtet wird.

Was wiederum für Softwarehersteller bedeutet, dass der finanzielle und personelle Aufwand für Programmentwicklung und -marketing im negativen Verhältnis zu den benötigten Supportausgaben steht. Die einzige Software, die keinen Support benötig, ist folglich jene, für die schon vor Markteinführung eine zu große und zu teure Supportabteilung eingerichtet wurde.

Aus Anwendersicht stellt sich allerdings

Die Morschhauser-Frage:

Support? Was ist das?

Eine Frage übrigens, die bis heute von niemandem beantwortet werden konnte.

Damit die Anwendungsprogramme beim Ärgern von Anwendern und Programmierern nicht so allein sind, gibt es Betriebssysteme sowie grafische Benutzeroberflächen. Hier gilt die

Allgemeine Oberflächenerkenntnis:

Grafische Benutzeroberflächen sind der geglückte Versuch, die Fehler von Computerhardware, Peripheriegeräten, Entwicklungsumgebungen, Programmiersprachen, Anwendungsprogrammen und Tools zu optimieren und durch Weiterentwicklung neue und noch verheerendere Fehler hinzuzufügen.

Grundsatz zum Verständnis der Softwareindustrie:

Alle großen Softwareentwicklungen wurden aufgrund gravierender Programmfehler verwirklicht.

Erste Folgerung aus dem Softwaregrundsatz:

Jedes Programm hat Fehler.

Zweite Folgerung aus dem Softwaregrundsatz:

Jedes Programm hat immer einen Fehler mehr.

Dritte Folgerung aus dem Softwaregrundsatz:

Die Beseitigung eines Fehlers ruft mindestens zwei neue hervor.

Persönliche Ableitung aus dem Softwaregrundsatz:

Wenn sich die Fehler bemerkbar machen, dann bei dir.

Erster logischer Umkehrschluss aus der Existenz von Utilities:

Die Tatsache, dass es sehr viele kleine nützliche Programme gibt, beweist, dass es auch sehr viele große unnütze Programme gibt.

Zweiter logischer Umkehrschluss aus der Existenz von Utilities:

Die Tatsache, dass es sehr viele große unnütze Programme gibt, beweist, dass es noch mehr kleine unnütze Programme gibt, da es ja mehr kleine als große Programme gibt.

Boris' Folgerung:

Die Effektivität eines Programm verhält sich umgekehrt proportional zum Verkaufspreis.

Die Expertenerkenntnis:

Expertensysteme erkennt man daran, dass sie auf die Wissenseingabe »eine Rose riecht besser als ein Kohlkopf« den Schluss ziehen, sie geben eine bessere Suppe.

Matthöfers Widerspruch zur Expertenerkenntnis:

Künstliche Intelligenz ist besser als natürliche Dummheit.

Gertis Widerlegung des Matthöfer-Widerspruchs:

Jedes Programm, von dem seine Programmierer behaupten, es würde die Eigenschaften künstlicher Intelligenz besitzen, hat in seinem Datenbestand so viel natürliche Dummheit angesammelt, dass es beliebig viele intelligent klingende, zutiefst falsche Antworten geben kann.

Heinls Erkenntnisse über Computerspiele:

1. *Es fehlt dir immer ein Punkt zum neuen Highscore.*

2. *Hast du ein Spiel so lange gespielt, bis dich niemand mehr schlagen kann, wird ein Freund es zum ersten Mal spielen und problemlos Platz eins der Highscore-Liste erreichen.*

3. *Bist du der Beste, wird sich niemand dafür interessieren.*

Manfreds Erkenntnisse über Computerspiele, E-Learning und Infotainment-Software:

1. *Das Programm, das du dir kaufst, ist nicht den Preis wert, den es gekostet hat.*

2. *Kein Programm ist so gut, wie das Bild auf der Verpackung.*

3. *Eine gute Kritik in einer Zeitschrift besagt nur, dass das Programm dem Redakteur gefallen hat. Du wirst immer einen anderen Geschmack haben als dieser.*

4. *Das merkst du erst nach dem Kauf.*

5. *Lernsoftware muss nicht funktionieren. Wie der Name sagt, ist sie noch in der Lernphase.*

Hilfe zur Unterscheidung von digitalem Video:

1. *Es ist »Realmedia«, wenn du ein briefmarkengroßes Fenster auf den Bildschirm bekommst, in dem wabernde Pixel Fangen spielen.*

2. *Es ist »Quicktime«, wenn du ein briefmarkengroßes Fenster auf den Bildschirm bekommst, in dem bunte Streifen unbeweglich verharren.*

3. *Es ist »Windows Media«, wenn kein Programm die Datei lesen kann.*

4. *Es ist »MPEG«, wenn dein Rechner abstürzt.*

5. *Es ist »MPEG4«, wenn du zu wenig Speicher zum Abspielen hast.*

Postulat der Multifunktionalität:

Je weniger Funktionen ein Programm hat, umso perfekter wird es sie ausführen.

Folgerungen aus dem Postulat der Multifunktionalität:

1. *Je perfekter ein Programm Funktionen ausführt, umso gründlicher wird es versagen.*

2. *Jedes andere Programm wird genauso gründlich versagen.*

Office-Ableitung für integrierte Pakete:

1. *Je mehr Funktionen auf der Rückseite der Verpackung angepriesen werden, umso weniger wird das Programm beherrschen.*

2. *Wenn »für alle Anwendungen« draufsteht, ist es für niemanden brauchbar.*

3. *Alle Funktionen, deretwegen du das Programmpaket gekauft hast, müssen als Spezialmodule extra bezahlt werden.*

Doppeltes Gesetz von der Erfolgs-/Entwicklungs-Relation:

1. *Je mehr Entwicklungsarbeit in ein Programm gesteckt wird, umso weniger Leute werden es kaufen.*

2. *Je weniger Entwicklungsarbeit in ein Programm gesteckt wird, umso mehr Leute werden es kaufen und die darin entdeckten Fehler finden.*

Erste Folgerung aus der Erfolgs-/Entwicklungs-Relation:

Je mehr Fehler in einem Programm stecken, umso schlechter ist der Support.

Zweite Folgerung aus der Erfolgs-/Entwicklungs-Relation:

Nur das Programm, das niemand braucht, läuft fehlerfrei.

Allgemeiner Löschgrundsatz:

Beim Löschen von überflüssigen automatisch angelegten Sicherheitsdateien verschwindet unter Garantie eine, die man zehn Minuten später dringend braucht.

Erweiterung:

Dieser Satz gilt nicht nur für Sicherheitskopien, sondern für alle Dateien.

Das Originalprogrammdilemma:

Wenn du ganz dringend ein Programm brauchst, ist es ausgeliehen und der Entleiher telefonisch nicht erreichbar.

Die Raubkopieerweiterung:

Ist der Entleiher telefonisch erreichbar, war das Programm eine Raubkopie, die er versehentlich von seiner Festplatte gelöscht hat.

Die Problemprämissen:

1. Wenn man dringend die Software-Hotline braucht, ist dein Telefon kaputt oder die Nummer besetzt.

2. Wenn du das Freizeichen bekommst, ist Wochenende und folglich keiner zu erreichen.

3. Kommt das Freizeichen und es ist ein Werktag, dann ist an diesem Tag die Hotline nicht besetzt.

4. In jedem anderen Fall ist der einzige Mensch, der dir bei deiner Frage weiterhelfen kann, krank oder im Urlaub.

5. Auf den Webseiten des Herstellers findest du keinen Hinweis.

Allgemeines Dringlichkeitsaxiom:

Alle Dinge werden unter Druck schlimmer.

Mathematische Definition des allgemeinen Dringlichkeitsaxioms:

$$D = (P^z/K) * (C + A + N)$$

Wie man sehen kann, kann die Dringlichkeit D jederzeit beliebig groß werden. P ist die Anzahl der Probleme, Z der Kehrwert der verbliebenen Zeit und K die Kompetenz des mit der Lösung des Softwareproblems Betrauten (es gilt $0 < K < 1$). Die Anzahl der Probleme P ist eine Unbekannte, für die generell gilt $P > 0$. Sollte P bekannt sein, so gilt $P = P + 1$.

Der Wert P^z/K ist mit der Summe $C + N + A$ zu multiplizieren, wobei C die Anzahl der betroffenen Computer, A die Anzahl der verschiedenen Anwenderprogramme in der Firma und N die Anzahl der Computer ist, die in mindestens einhundert Meter Umkreis um den mit der Lösung des Softwareproblems Betrauten herum in einem Netzwerk zusammengeschlossen sind. Nachdem in N immer mindestens ein Computer mit Internet-Zugang steckt, ist der kleinste Wert, den N annehmen kann, 400 Millionen.

Gertis Erweiterung des allgemeinen Dringlichkeitsaxioms:

Alle Dinge werden auch ohne Druck schlimmer.

Erstes Gesetz von der Speicherung von benutzerdefinierten Einstellungen:

Ein Programm wird immer nur die Einstellungen speichern können, die unnötig sind.

Zweites Gesetz von der Speicherung von benutzerdefinierten Einstellungen:

Ein Programm wird immer nur die Einstellung speichern wollen, die es nicht soll.

Drittes Gesetz von der Speicherung von benutzerdefinierten Einstellungen:

Ein Programm wird immer die Einstellungen nicht speichern können, die notwendig sind und bei denen der Aufwand, die Einstellungen einzurichten, maximal groß ist.

Das Speicherparadoxon:

Wenn du den Auswahlpunkt »Einstellungen nach dem Beenden nicht speichern« einstellst, wird diese Einstellung gespeichert.

Folgerung aus dem Speicherparadoxon:

Der Auswahlpunkt »Einstellungen nach dem Beenden speichern« wird immer falsch eingestellt sein.

Die Multitasking-Regeln:

1. Laufen zwei Prozesse gleichzeitig, wird der unwichtige Prozess dem wichtigen Rechenzeit wegnehmen.

2. *Der Absturz eines Multitasking-Tasks wird nur dann erfolgen, wenn es der Anwender nicht kontrollieren kann und dies unter dem maximal möglichen Datenverlust sowie zum ungünstigsten Zeitpunkt.*

3. *Besonders gerne stürzen darum Hintergrund-Tasks ab.*

4. *Vordergrund-Tasks stürzen genauso gerne ab.*

5. *Jeder Task wird beim Absturz alle anderen Tasks sowie Benutzeroberfläche und Betriebssystem mitnehmen.*

6. *Jeder Task wird dabei mit dem Absturz so lange warten, bis sich in allen anderen Tasks genügend nichtgespeicherte und unwiederbringliche Daten angesammelt haben.*

7. *Sofern in irgendeinem Task ein Auto-Save installiert ist, wird das Speichern über den Cache-Controller erfolgen, was dazu führt, dass die Daten beim Absturz nicht auf die Festplatte geschrieben werden.*

8. *Ist kein Cache-Controller installiert, wird der Absturz während des Speichervorgangs erfolgen, was zum Verlust aller, inklusive der bereits früher geschriebenen Daten führt.*

9. *In jedem anderen Fall ist anschließend die Festplatte kaputt.*

Der Doktor-Watson-Dreisatz:

1. *Du kannst niemals einem Softwarefehler entgehen, indem du ihn zu vermeiden oder ihm auf die Spur zu kommen versuchst.*

2. *Im besten Fall wird ein installiertes Wächterprogramm versagen und mit seinem Versagen die bereits vorhandene Panne unterstützen.*

3. Der einzige Unterschied beim Einsatz eines Wächter-programms ist der, dass du vor dem Absturz dreimal »OK« klicken musst.

Die Weisheiten der wahnsinnigen Wartezeit:

1. Wenn du denkst, jetzt hast du lange genug gewartet, verwandelt sich der Mauszeiger in eine Sanduhr.

2. Wenn du denkst, du hast noch nicht genug gewartet, ist dein Rechner abgestürzt.

3. Wenn du denkst, dein Rechner ist abgestürzt und du bootest neu, war er es nicht.

4. Wenn du denkst, dein Rechner ist nicht abgestürzt, ist er es doch.

5. Du hoffst immer vergebens.

Das fünffache Sanduhrphänomen (in Macintosh-Kreisen auch als »Armbanduhrwunder« bekannt):

1. Du bootest deinen Rechner nach langer Wartezeit vor der Sanduhr just eine halbe Sekunde, bevor er seine Aktion abschließt.

2. Die Wiederherstellung des Zustands, in dem sich dein Computer vor dem Booten befand, dauert mindestens zehnmal länger wie der Bootvorgang.

3. Dieser Faktor ist unabhängig von der Länge des Boot-vorgangs (merke: je kürzer, desto länger dauert die Wiederherstellung; je länger, desto länger dauert die Wiederherstellung).

4. Wenn du dir den Bootvorgang sparen willst, ist der Computer unwiederbringlich abgestürzt.

5. Alle Alternativen bedingen den Verlust unwiederbring-licher Daten mit sich.

Die ultimative Definition einer grafischen und interaktiven Oberfläche:

Dreck 'n drop.

Relation zwischen Zeit, Software und Verwaltung:

Zur Bedienung von Zeitverwaltungsprogrammen, die dir helfen, täglich eine Stunde zu sparen, wirst du täglich zwei Stunden brauchen.

Folgerung aus der Relation zwischen Zeit, Software und Verwaltung:

Du hast also pro Tag drei Stunden weniger Zeit.

Verdeutlichungen:

1. *Das ist unabhängig davon, ob du dein Zeitverwaltungsprogramm tatsächlich einsetzt oder nicht.*
2. *Im Übrigen ist der wichtigste Termin am Tag ohnehln bereits gewesen, wenn du das Programm startest.*

Die grundlegende Viron-Erkenntnis:

Computerviren verbreiten sich prinzipiell über »garantiert unverseuchte« Programm- und Betriebssystem-Disketten.

Die allgemeine Viren-Erkenntnis:

Du bekommst einen Computervirus genau dann, wenn du denkst, du hättest keinen.

Die terminierte Virenerkenntnis:

Du bekommst einen Computervirus genau dann, wenn du ihn am wenigsten brauchen kannst.

Die partnerschaftliche Virenerkenntnis:

Garantiert ungefährliche und leicht zu entfernende Viren bekommen immer nur die anderen.

Die geografische Virenerkenntnis:

Du bekommst immer diejenige Sorte von Computerviren,

– von denen die Experten sagen, dass sie in unserem Land noch nicht aufgetreten sind

– für die es noch keine Virensuchprogramme gibt

– die ein neues Maß an Heimtücke und Zerstörung aufweisen.

Die quantifizierte Virenerkenntnis:

Du hast immer einen Virus mehr, als du glaubst.

Die qualifizierte Virenerkenntnis:

Der Virus, der deinen Computer befällt, verseucht nur die Dateien, von denen du kein Backup hast.

Die erweiterte qualifizierte Virenerkenntnis:

Wenn du von allen Dateien ein Backup hast, hat der Virus diese bereits verseucht.

Die vernetzte quantifizierte Virenerkenntnis:

Der Virus hat immer einen Arbeitsplatzrechner mehr befallen, als du glaubst.

Die rekursive Virenerkenntnis:

Ein eingesetztes Virensuchprogramm wird ausschließlich diejenigen Viren erkennen und bekämpfen, die du nicht hast. Den Virus, der deinen Computer befallen hat, wird er ungeschoren davonkommen lassen.

Erweiterungen zur rekursiven Virenerkenntnis:

1. *Dies wirst du erst feststellen, wenn du das Virensuchprogramm gekauft hast.*
2. *Du wirst der einzige sein, dessen frisch erworbenes Virensuchprogramm mit Viren verseucht ist.*
3. *Dies wirst du erst feststellen, wenn du es gestartet hast.*

Die ergänzte rekursive Virenerkenntnis:

Ein auf deinem Computer eingesetztes Virensuchprogramm wird bei seinem Suchlauf alle Text- und Programmdateien irreparabel zerstören und lediglich den Virus übrig lassen.

Folgerung aus der ergänzten rekursiven Virenerkenntnis:

Das Einzige, was am Ende auf deinem Computer noch lauffähig ist, wird der Virus sein.

2.1 Textverarbeitung

Textverarbeitungsprogramme sind der geglückte Versuch, nichtsahnenden Menschen 800 Euro für das Versprechen abzuknöpfen, er könne mit rund 300 leicht zu merkenden Befehlen Schreibmaschine und Tipp-Ex ersetzen und habe trotz des Programms noch die Zeit, sich auf das zu konzentrieren, was er eigentlich schreiben will.

Neben der eigentlichen Arbeit des Schreibens kann der Anwender mit einer Textverarbeitung noch eine Menge anderer nützlicher Dinge tun. Das betrifft zuallererst und im Wesentlichen das Erlernen der Bedienung des Textverarbeitsprogramms selbst. Hat er daneben noch ein wenig Zeit, kann er mit Hilfe des Textverarbeitungsprogramms zusätzliche Arbeiten erledigen lassen.

Zum Beispiel die *Arbeit mit Textbausteinen* (eine Art Floskelgenerator zum Einfügen unnötiger Textpassagen an Stellen, an die sie nicht passen), die *Verwaltung von Kopf- und Fußnoten* (die automatisch dorthin plaziert werden, wo sie den Autor stören und der Leser sie nicht findet) oder die *Serienbrieffunktion* (mit der man veraltete Adressen in einen überflüssigen Brief automatisch so einfügen kann, dass die Hälfte der Adressen falsch ausgedruckt wird und so die Rücklaufquote durch die Post mit dem Vermerk »unbekannt« über neunzig Prozent liegt. Die anderen zehn Prozent werden von den Empfängern weggeschmissen).

Wie alle Programmgattungen, die vornehmlich zur so genannten »Informationsverarbeitung« verwendet werden sollen, dienen auch Textverarbeitungsprogramme dazu, den von Wilhelm Tore in die Welt gesetzten Traum der »information at your fingertips« umzusetzen. Nach murphyologischen Erkenntnissen ist dieser Traum längst

Wirklichkeit geworden, sofern man ihn nur richtig übersetzt: »wasserfeste Druckerfarbe an den Fingern«.

Theas Absturz/Speicher-Relation:

Ein Computer stürzt nur ab, wenn der Text lange nicht gespeichert wurde.

Unverrückbare Gesetze der Textverarbeitung:

1. *Wenn du ein Wort löschen willst, verschwindet garantiert die ganze Zeile.*

2. *Wenn du eine Zeile löschen willst, verschwindet ein ganzer Absatz.*

3. *Wenn du einen Absatz löschen willst, verschwindet der ganze Text.*

5. *Wenn du den ganzen Text löschen willst, passiert gar nichts.*

Logische Konsequenz:

Keiner dieser Vorgänge ist rückholbar.

Stoyes Regel von der natürlichen Nonsensmaximierung:

Der Silbentrenner wird Wörter stets so trennen, dass das Resultat den größtmöglichen Nonsens ergibt. »Urinstinkt« wird immer dann »Urin-stinkt« getrennt, wenn du es nicht bemerkst.

Sülings Gesetz von der Arbeit mit automatischen Rechtschreibprüfungen:

Deine Rechtschreibprüfroutine kennt nur Wörter, die auch ein Grundschüler fehlerfrei schreiben kann.

72

Svens Ergänzung zu Sülings Gesetz:

Sie kennt aber zahlreiche Wörter, die es nicht gibt, und behauptet unverdrossen, dass diese richtig seien.

Erste Erweiterung von Sülings Gesetz:

Die zum Ersetzen angebotenen Vorschläge sind immer falsch.

Zweite Erweiterung von Sülings Gesetz:

Erweiterungen des Wörterbuchs führen stets dazu, dass mehr falsche als richtige Wörter aufgenommen werden.

Folgerung:

Die Unsicherheit steigt ständig.

Michaels Einsicht in das Wesen der Tastaturbelegung:

Wenn du dich an die Tastaturbelegung eines Programms gewöhnt hast, erscheint ein neue Version, in der alles komplett umgestellt ist.

Liesls Erkenntnis:

1. *Je teurer der Update auf die neue Version, umso geringer der Nutzen.*
2. *Je höher die Versionsnummer, umso größer der Speicherverbrauch.*
3. *Das Feature, auf das du seit Jahren wartest, wird auch in neuen Version nicht implementiert sein.*

Axiom vom hinterhältigen Druckfehler:

Du findest den entscheidenden Fehler in deinem Text erst, wenn du den Text ausgedruckt und die Datei gelöscht hast.

Die unveränderlichen Regeln beim Formatieren von Texten in Desktop-Publishing-Programmen:

1. *Wenn du einen Text positionieren willst, passt die letzte Zeile nicht mehr auf die Seite.*
2. *Formatierst du den Text um die kleinstmögliche Einheit kleiner, ist der Text zu kurz.*

Die OCR-Regel:

Wenn ein Texterkennungsprogramm eine Erkennungsrate von 99,95 Prozent hat, bedeutet das nur, dass deine Texte stets zu den 0,05 Prozent gehören, die du zu 100 Prozent neu tippen musst.

Das Gesetz von der Arbeit mit fremdsprachigen Texten:

Übersetzungsprogramme werden stets bestrebt sein,

- *die falschen Originaldateien zu bearbeiten*
- *die Ergebnisse in das falsche Fenster auszugeben*
- *mit falschen Ergebnissen die richtige Originaldatei zu überschreiben.*

In jedem anderen Fall werden sie aus der Liste möglicher Alternativen die jeweils so geringfügig falsche Übersetzung wählen, dass dir der Fehler nicht auffällt, aber beim Empfänger das größtmögliche Missverständnis ausgelöst wird.

2.2 Datenbanken

Dateiverwaltungsprogramme und Datenbanken sind der geglückte Versuch, nichtsahnenden Menschen 800 Euro für das Versprechen abzuknöpfen, er könne mit rund 300 leicht zu merkenden Befehlen seinen Zettelkasten ersetzen und hätte trotz des Programms noch die Zeit, sich an das zu erinnern, was er ursprünglich damit anfangen wollte.

Dateiverwaltungsprogramme und Datenbanken sind, wie der Name sagt, in erster Linie Verwaltungsprogramme, mit denen man Dinge auf die lange Bank schieben kann. Was man vorne hineinsteckt (Datensätze) und das was hinten herauskommt (sortierte Datensätze), sowie die Zeit dazwischen, steht in keinem Verhältnis zueinander.

Für Dateiverwaltungsprogramme ganz besonders das

Gesetz des Dauerverhältnisses:

Egal wie die Verhältnisse in deiner Datenbank aussehen oder sich verändern – alles dauert immer länger, als nach deiner pessimistischsten Prognose.

Keine Programmart entwickelt schließlich so viele Ausflüchte »Fehlermeldungen«, um das, was man eingegeben hat, nicht wieder herausrücken zu müssen.

Das Zorro-Gesetz:

1. *Egal wie groß du eine Maske anlegst, sie hat immer zu wenig Felder.*

2. *Wenn dennoch genug Felder definiert sind, sind sie zu kurz.*

Andis Erkenntnis von der diebischen Datei-verwaltung:

Wenn du dich darüber ärgerst, dass du in deinem Datenverwaltungsprogramm die Feldlängen nicht verlängern kannst: Sei beruhigt. Dein Programm wird auf jeden Fall in der Lage sein, die Feldlängen willkürlich zu verkürzen und dabei die nun überflüssig gewordenen Daten wegwerfen.

Bobs Datensatzregeln:

A) Ein Dateiverwaltungsprogramm zerstört nur den Datensatz, den du dringend benötigst.

B) Wenn kein Backup existiert, werden alle Datensätze zerstört.

C) Existiert ein Backup, ist der Datensatz auch dort verschwunden.

Gesetz von der Minimierung der Informationsmenge:

1. Wenn du eine Datenbank mit n Datensätzen anlegen willst, kann das einzige verfügbare Dateiverwaltungsprogramm bestenfalls n-1 Datensätze verwalten.

2. Das wird dir von dem Programm allerdings erst dann mitgeteilt, wenn du n-2 Datensätze bereits eingegeben hast.

Das MIS-Axiom:

Dein Management-Informationssystem wird stets

– in den richtigen Datenbanken nach den falschen Daten suchen

– in den falschen Datenbanken nach den richtigen Daten suchen

– in den falschen Datenbanken nach den falschen Daten suchen

Ansonsten wird es zwar in den richtigen Datenbanken nach den richtigen Daten suchen, diese jedoch falsch oder gar nicht ausgeben.

Umsetzung des MIS-Axioms:

1. *Die eigentliche Funktion eines MIS besteht darin, dass dein Chef erkennt, dass die Anschaffung des Programms entgegen deiner Behauptung unsinnige Geldverschwendung war.*

2. *Er wird dich dafür verantwortlich machen.*

Die Access-Definition:

xBase = uBase

Konkrete Anwendungen der Access-Definition:

1. *dBase-kompatible Datenbanksysteme sind es nicht.*

2. *Jodor kann dich vom Gegenteil überzeugen. Mit Ausnahme deines Quellcodes.*

Das dreifache Visual-Basic-Dilemma:

1. *Du hast immer ein ENDIF zu viel.*

2. *Ansonsten hast du eines zu wenig.*

3. *Stimmt die Zahl der ENDIFs, dann ist ein IF zu viel oder zu wenig.*

Erste Erweiterung:

Dieses gilt auch für jede andere Schleifenkonstruktion.

Zweite Erweiterung:

Eine Schleifenvariable erreicht stets den Wert, den sie gar nicht erreichen kann.

Gesetz vom Zeitverhalten in Datenbanken:

Egal wie deine Datenbankstruktur aussieht: Das von dir benutzte Datenbankprogramm wird beim Sortieren oder Suchen das schlechteste Zeitverhalten an den Tag legen. Liegen beispielsweise deine Datensätze völlig unsortiert vor, sucht dein Programm lediglich vorsortierte Datensätze in einer annehmbaren Zeit heraus.

Das Adressaxiom:

Egal wie viele Adressen du in einer Datenbank gespeichert hast: Diejenige, die du suchst, ist noch nicht eingegeben, sondern steht auf einem Schmierzettel.

Tonis Erweiterungen des Adressaxioms:

1. *Die Visitenkarte, auf der die einzugebende Adresse steht, wirst du nicht mehr finden.*
2. *Der erste Kollege, den du nach der Adresse fragst, wird sie dir hohnlachend auswendig hersagen.*
3. *Sekunden später wirst du die Karte finden.*
4. *Ist eine Adresse dennoch in der Datenbank gespeichert, hat sie sich inzwischen geändert oder die E-Mail stimmt nicht mehr.*

Die »D-Info«-Erweiterung des Adressaxioms:

Wenn du eine Adresse in deiner Datenbank mit den Angaben aus der D-Info überschreibst, wirst du feststellen, dass die Angaben auf der D-Info veraltet waren.

79

Die Retrieval-Erkenntnis:

Die einzigen Suchworte, die deine Volltextdatenbank zuverlässig indiziert und findet, sind diejenigen, die du von der Indizierung ausgenommen hast, wie »der«, »eine« oder »und«.

Die Multimedia-Erkenntnis:

1. *Wenn du in deiner Bilddatenbank nach einem Bild suchst, wirst du dich zwar noch an das Bild, jedoch nie an das Stichwort erinnern, unter dem du es wiederfinden kannst.*

2. *Die Bilder im Bildübersichtsfenster sind stets so klein, dass du auf das falsche Bild klickst – mehrmals.*

Die Korrelationserkenntnis:

1. *Daten verändern sich zum Schlechten, wenn du Sie beobachtest.*

2. *Daten verändern sich auch zum Schlechten, wenn du Sie nicht beobachtest.*

3. *Datenverschlechterungen in mehreren Fenstern veranstalten Wettrennen.*

Die Formularerkenntnisse:

1. *Formularmanagement ist der gelungene Versuch, bürokratische Fehler mit Computerfehlern zu kombinieren, um bürokratische Computerfehler zu erhalten, die deine Arbeit behindern und die Bürokratie optimieren.*

2. *Du wirst in deiner Formulardatenbanksoftware immer nur solche Formulare zur Verfügung haben, die zu deinen Daten nicht passen und nur unter großem Aufwand und unter Aufgabe jeglichen inhaltlichen Bezugs inner-*

halb der Datensätze in das Formular gepresst werden können.

Die Archivierungserkenntnis:

Dokumentenverwaltungssysteme werden verwendete Dokumente

- *nicht in der nötigen Geschwindigkeit speichern*
- *an den falschen Plätzen ablegen*
- *fehlerhaft indizieren*
- *falsche Querverweise aufbauen*
- *mit den falschen Dokumenten verknüpfen*
- *nicht wieder ausgeben.*

Anderen Falls wird es dir unmöglich sein, gefundene Dokumente auf dem Bildschirm wieder darzustellen oder auszudrucken.

Die SQL Erkenntnis:

Datenbank-Oberflächen sind dazu da, dich nicht durchzulassen.

Konkretisierungen:

1. *Deine Datenbankoberfläche wird diejenige sein, die am umständlichsten zu bedienen ist.*
2. *Vergleichbare Programme, die du bei anderen siehst, könntest du sofort und im Schlaf bedienen.*

Die Serienbrieferkenntnis:

Der Datenaustausch zwischen Textverarbeitung und Adressverwaltung wird nur dann funktionieren, wenn die übertragene Adresse unvollständig oder falsch ist.

2.3 Grafikprogramme

Grafikprogramme sind der geglückte Versuch, nichtsahnenden Menschen 800 Euro für das Versprechen abzuknöpfen, er könne mit rund 300 leicht zu merkenden Befehlen Bleistift, Lineal und Radiergummi ersetzen und hätte trotz des Programms noch die Zeit, sich auf das zu konzentrieren, was er ursprünglich eigentlich zeichnen wollte.

Unter die Kategorie Grafikprogramme fallen für professionelle Arbeiten unbrauchbare Malprogramme, für künstlerische Arbeiten unbrauchbare Zeichenprogramme sowie für jeden klar denkenden Menschen unbrauchbare CAD-Programme.

Malprogramme geben Farben auf dem Bildschirm richtig, auf dem Farbdrucker falsch und auf dem Schwarzweiß-Drucker gar nicht wieder. Zeichen- und CAD-Programme hingegen geben einfarbige Linien auf dem Bildschirm richtig und auf Farb- und Schwarzweiß-Druckern falsch wieder. Alle drei Programmarten geben jedoch auf jeden Fall das, was auf dem Bildschirm schwarz beziehungsweise weiß war, auf dem Ausgabegerät schwarz beziehungsweise schwarz wieder.

Die Rücknahmepräzisierungen:

1. *Die Undo-Funktion funktioniert nur, solange du sie nicht brauchst.*
2. *Im besten Fall nimmt sie die Aktion zurück, die du als vorletztes durchgeführt hast. Die Auswirkungen deiner letzten Aktion bleiben erhalten.*

Gesetze vom phantasievollen Bildschirmadapter:

1. *Ellipsen werden als treppenförmige Eier dargestellt und ausgedruckt.*

2. *Treppenförmige Eier bleiben treppenförmige Eier.*

3. *Eine Linie beginnt immer ein Pixel daneben.*

4. *Kreise sind keine Kreise.*

5. *Ein 10-Punkt-Raster mit 32 Grad Neigung wird spätestens auf dem Drucker zu einem schmierigen Etwas.*

6. *Auch jedes andere Raster wird spätestens auf dem Drucker zu einem schmieriges Etwas.*

7. *Auch jedes Füllmuster wird spätestens auf dem Drucker zu einem schmieriges Etwas.*

8. *Eine als schmieriges Etwas angelegte Fläche wird spätestens auf dem Drucker ein geometrisch exaktes, sofort als Computergrafik erkenntliches unbrauchbares Etwas.*

Ausnahmen:

1. *Sollen zwei Linien einen Pixel Abstand voneinander haben, dann werden sie sich überlappen.*

2. *Kreise sind dann (und nur dann) Kreise, wenn du sie als Ellipsen zeichnest. Dann wird sie der Drucker korrekt als treppenförmige Eier ausgeben.*

3. *Eine Verwischfunktion erzeugt immer gleichmäßige, exakt parallele Linien.*

Die Animationsallegorie:

Drag&Drop ist die Methode, etwas sehr langsam und mühevoll über den Bildschirm zu bewegen. Animation auch.

Präzisierung der Animationsallegorie:

Wenn der Hersteller eines Grafik- oder Webdesign-Programms behauptet, sein Produkt unterstütze »Animated GIFs«, dann bedeutet das nur, dass er dich dazu animieren will, sein Produkt zu kaufen.

Digitale Einsamkeitsregel:

Dein Grafikprogramm ist das einzige auf dem Markt, dass

- *die mit deiner Digitalkamera eingelesenen Bilder nicht verarbeiten kann*
- *deine Textverarbeitung nicht versteht*
- *mit deinem DTP-Programm nicht zusammenarbeitet.*

Konsequente Fortführung der digitalen Einsamkeitsregel:

Das bemerkst du erst, wenn die Rechnung für das Programm bezahlt ist.

Andreas' Font-Regeln:

Es gibt nur drei Arten von Schriften:

1. *Die häßlichen.*
2. *Die falschen.*
3. *Diejenigen, die dein Drucker nicht druckt und das Belichtungsstudio nicht verarbeiten kann.*

Die EPS-Verschärfung:

1. *EPS-Dateien, die dir vorliegen, werden nie alle Schriften eingebettet haben.*
2. *Das wirst du erst nach der Belichtung feststellen.*

Ernsts Organigrammseufzer:

1. *Du wirst ein Organigramm nie komplett ins Arbeitsfenster bekommen.*

2. *Du wirst es auch nicht komplett auf eine Druckseite bekommen.*

3. *Du wirst es auch nicht auf mehrere Druckseiten bekommen.*

4. *Du wirst es überhaupt nicht bekommen.*

Erste Verschärfung:

Der entscheidende Fehler ist stets außerhalb des Bildschirms.

Zweite Verschärfung:

Erst wenn das Ablaufdiagramm als Ausdruck auf dem Schreibtisch deines Chefs liegt, wirst du feststellen, dass du vergessen hast, die entscheidenden Teile vor dem Ausdruck wieder einzublenden.

Dritte Verschärfung:

Die einzige Managementposition, die deine Organigramm-Software stets unterschlagen wird, ist die deines Chefs.

Bildhafte Erkenntnisse:

1. *Kein Bildverarbeitungsprogramm ist in der Lage, aus einer verschwommenen, unscharfen Vorlage etwas anderes zu machen als etwas Verschwommenes und Unscharfes.*

2. *Kein Bildverarbeitungsprogramm ist in der Lage, aus einer vorzüglichen Vorlage etwas anderes zu machen als etwas Verschwommenes und Unscharfes.*

Die TNT-Regel:

Der Zusammenhalt innerhalb kombinierter Grafikobjekte bei einem Grafik- oder DTP-Programm ist stabil, solange du es in Ruhe lässt. Sobald du versuchst, etwas mit ihm zu tun – es beispielsweise zu verschieben, umzufärben oder anzusehen – werden die einzelnen Objektteile sich gegeneinander so verschieben, dass es dir unmöglich ist, sie jemals wieder passend zueinander anzuordnen.

Logische Ausnahme:

Nicht zusammengehörende Teile wirst du nie wieder voneinander trennen können.

Michaels Konvertiererkenntnisse:

1. *Wenn du eine Grafik von einem Programm in ein zweites übertragen willst, werden wahlweise Quell- oder Zielprogramm keinen passenden Im- oder Exportfilter besitzen.*

2. *Eines der beiden Programme wird Daten auch nicht über die Zwischenablage austauschen können.*

3. *Versuchst du die Grafik zu konvertieren, wirst du stets drei Grafikkonvertierungsprogramme benötigen: eines, das das Ausgangsformat lesen kann, eines, das das Zielformat schreiben kann, und ein drittes, das die Daten für die beiden aufbereiten kann.*

4. *Du wirst stets nur zwei von den drei Programmen besitzen.*

Letzte Konsequenz aus Michaels Konvertiererkenntnis:

Statt eines Konvertierungsprogramms kannst du auch den Löschbefehl benützen. Das Ergebnis ist dasselbe.

Peters Standardregel:

Jedes neue Grafikprogramm wird sein neues Bildformat als Standard ausgeben und kann auch nur dieses lesen und schreiben.

Logische Erweiterung:

Dein neues Grafikprogramm wird alles lesen können – nur nicht das Bildformat des alten.

Die TIFF-Steigerung von Peters Standardregel:

Wenn dein Grafikprogramm dennoch ein gängiges Bildformat lesen kann, dann nur in seiner ungebräuchlichsten Form.

Biancas Regel für Businessgrafik-Programme (Leitsatz):

Du wirst deine Daten nie in einer vernünftigen Form aufbereiten können.

Biancas Regel für Businessgrafik-Programme (Konkretisierungen):

1. Bei einem senkrechten Balkendiagramm werden die Balkenbezeichnungen zu lang sein, um sie komplett unter die Balken zu bekommen.

2. Bei einem waagrechten Balkendiagramm werden die Balkenbezeichnungen zu lang sein, um Balken und Bezeichnungen komplett auf die Seite zu bekommen.

3. Bei einem Tortendiagramm ist immer ein Tortenstück so klein, dass du die Bezeichnungen nicht darauf setzen kannst.

4. Wenn du versuchst, die Bezeichnungen der Tortenstücke außen zu plazieren, wirst du immer mehrere kleine Tortenstücke haben, so dass sich die Bezeichnungen überlappen.

5. Bei einem Liniendiagramm wird immer ein Wert so groß
sein, dass die Unterschiede bei den anderen nicht mehr
erkennbar sind.

6. Bei einem Area-Chart wird der unwichtigste Wert immer
unten liegen und sich am stärksten verändern, so dass
die Veränderungen der anderen nicht mehr erkennbar
sind.

7. Für ein Text-Chart hast du immer zu viel Text.

8. Bei einem Korrelationsdiagramm wird nie die Korrela-
tion deutlich.

Erweiterungen:

1. Zwei verknüpfte und überlagerte Charts wirst du nie
wieder voneinander trennen können.

2. Du wirst bei jedem Fehler beide Charts neu aufbauen
müssen.

3. Die wirklich interessanten Stellen beider Charts werden sich in jedem Fall überdecken.

Die Korrelationen:

1. Jedes vektororientierte Zeichenprogramm ist so anstän-
dig zu sich selbst, dass es einer importierten
Bitmapgrafik mit tiefer Verachtung begegnet.

2. Du wirst immer nur die Bitmap-Grafik oder die Vektor-
grafikelemente auf dem Bildschirm zu sehen bekommen.

3. Die Bitmap-Grafik wird immer so skaliert sein, dass du sowohl auf dem Monitor als auch auf Drucker und Belichter Moirés zu sehen bekommst.

4. Die wichtigsten Funktionen deines Vektorgrafikprogramms wirst du für die Bitmap-Grafik nicht anwenden können.

5. Wenn du versuchst, die Bitmap-Grafik zu vektorisieren, wird eine vorhandene Auto-Trace-Funktion wahlweise zu viel oder zu wenig glätten

6. Du erhältst deshalb alternativ stets entweder ein mit dem Bitmap-Original unähnliches, nur fünf Bezierpunkte umfassendes oder ein mit dem Bitmap-Original unähnliches, fünftausend Bezierpunkte umfassendes, jede Pixeltreppe nachfahrendes und nicht mehr zu bearbeitendes Vektorgrafikobjekt.

Axiom von der kompletten Füllung:

1. Egal wie die Form aussieht, die du mit einem Raster oder einem Muster füllen willst: Das Programm findet immer Mittel und Wege, den kompletten Bildschirm einzuschwärzen.

2. Dieser Vorgang ist nicht revidierbar.

3. Hast du alle Linien und Übergänge doppelt und dreifach darauf untersucht, dass ein Füllmuster nicht aus der zu füllenden Form entwischen kann, wirst du mit dem Füllwerkzeug daneben klicken.

Die Klick&Move-DTP-Gesetze (auch als »Ja-mach-nur-einen-Plan«-Dilemma bekannt):

A. Klickst du auf einer gelayouteten Seite auf einen Kasten, um ihn zu verschieben, wirst du den ihn umgebenden Text bewegen.

B. Klickst du auf den Text, um ihn zu verschieben, wirst du lediglich den Kasten bewegen.

C. Willst du beides verschieben, bewegen sich die Spaltenhilfslinien.

D. Keiner dieser Vorgänge ist rückholbar, die Rücknahme-Funktion wird nicht funktionieren.

E. Ist einer der Vorgänge revidierbar, so wird sich irgendetwas um einen Punkt verschieben und das gesamte Layout ruinieren.

Friedemanns DTP-Theorem:

Dass dein System über einen PostScript-Treiber verfügt, heißt noch lange nicht, dass es auch EPS-Dateien und Schriften druckt.

Das Berkeley-Systems-Gesetz:

Bildschirmschoner schalten sich nur dann ein, wenn er stört, zum Beispiel, wenn dein Grafikprogramm gerade dabei ist, eine komplexe Zeichnung aufzubauen. Dann wirst du gezwungen sein, die Maus zu bewegen, um den Zeichnungsaufbau erneut zu verfolgen.

2.4 Tabellenkalkulations-programme

Tabellenkalkulationsprogramme sind der geglückte Versuch, nichtsahnenden Menschen 800 Euro für das Versprechen abzuknöpfen, er könne mit rund 300 leicht zu merkenden Befehlen und Funktionen Taschenrechner und gesunden Menschenverstand ersetzen und hätte trotz des Programms noch die Zeit, sich auf das zu konzentrieren, was er ursprünglich ausrechnen wollte.

Grundlage eines jeden Tabellenkalkulationsprogramms ist das so genannte Arbeitsblatt, bei dem der Benutzer in viel zu kleine Zeilen und Spalten und mit viel zu viel Aufwand viel zu viele Zahlen in Formeln verschlüsseln muss, um hinterher festzustellen, was er ohnehin bereits wusste.

Normalerweise sind Tabellenkalkulationsprogramme zweidimensional in Zeilen und Spalten aufgeteilt. Modernere Versionen dieser (auch »Spreadsheet« genannten) Programme beherrschen inzwischen eine dreidimensionale Darstellung, wodurch Formelfehler eine noch größere Chance erhalten, sich so lange unerkannt hinter anderen Objekten zu verstecken, bis der Schaden am größten ist.

Scharfis Regel:

Ein Fehler in einer Formel entsteht nur dann, wenn die fehlerhaften Ergebnisse plausibel sind.

Verallgemeinernde Erweiterung zu Scharfis Regel:

Die falschen Kalkulationen werden zum spätestmöglichen Zeitpunkt bemerkt und richten den größtmöglichen Schaden an.

Generalregel für Kalkulationen:

Ein Tabellenkalkulationsprogramm, das ein richtiges oder gutes Ergebnis hervorbringt, lügt.

Das Einheitenaxiom:

Wenn du mit Einheiten rechnen musst, wird das Programm nur eine Liste der unsinnigsten beinhalten:

1. *Geschwindigkeit wird beispielsweise ausschließlich in amerikanischen Seemeilen per 19 Tagen ausgegeben werden können.*

2. *Geldwerte kannst du in Dollar, Pfund und Fidschi-Muscheln ausgeben lassen. Niemals jedoch in DM.*

3. *Geldwerte werden stets dann in der falschen Währung ausgegeben, wenn die Einheit nicht dabeisteht.*

Die Ergebnisprämisse:

Bevor eine Tabellenkalkulation auch nur annähernd brauchbare Ergebnisse liefern kann, wird das Programm seinen Zufallszahlengenerator einschalten.

Das OLE-Paradoxon:

1. *Weder wird dein Textverarbeitungsprogramm in der Lage sein, Daten vernünftig an deine Tabellenkalkulation zu übergeben, noch umgekehrt.*

2. *OLE heißt, dass du deine Daten mit links beerdigt hast.*

Das Tortenschlacht-Theorem:

1. *Egal welche Daten du aufbereiten musst, dein Programm wird die dafür einzig sinnvolle grafische Darstellungsart nicht beherrschen.*

2. *Ist die entsprechende Darstellungsart verfügbar, hast du dafür die gesamte Tabelle falsch aufgebaut.*

Konkretisierung des Tortenschlacht-Theorems:

Du wirst 300 Einzelwerte nur als Balkengrafik und eine zeitliche Entwicklung ausschließlich als Tortendiagramm darstellen können.

Peters Gesetz über die Unmöglichkeit der Desktop-Präsentation:

Vergiss alles, was der Verkäufer dir über Beamer und Powerpoint erzählt hat.

Praxisnahe Begründung von Peters Gesetz:

1. *Deine Tabellenkalkulation kann die Daten nicht so aufbereiten, dass sie dein Businessgrafik-Paket übernimmt. Das gilt insbesondere bei Programmen desselben Herstellers.*

2. *Dein Businessgrafik-Paket und dein Ausgabegerät werden sich nie verstehen.*

3. *Für die Tabellenkalkulation gibt es keinen Treiber, der CMYK-Farben korrekt ausgibt.*

4. *Ein Diabelichter ist die teuerste Möglichkeit, festzustellen, dass in der Grafik noch ein Fehler ist. Ansonsten dient er dazu, statt der Grafik die Steuerungsdatei in ASCII auf ein Dia auszugeben.*

5. *Wenn alles funktioniert, gibt es im Präsentationsraum keinen Strom.*

6. *Wenn du dich vorher versichert hast, dass es im Präsentationsraum Strom gibt, fällt die Veranstaltung aus, der Präsentationsrechner besitzt kein Laufwerk oder du vergisst das entscheidende Kabel.*

7. *Klappt alles, interessiert sich niemand für das von dir präsentierte Ergebnis.*

Theos Freude:

Der Erste, der merkt, dass dein Buchhaltungsprogramm Fehler hat, wird die Steuerfahndung sein.

2.5 Das Internet

Online-Kommunikation ist der geglückte Versuch, 400 Millionen Menschen davon zu überzeugen, monatlich 100 Euro dafür auszugeben, sich schlecht gemachte Bannerwerbung anzusehen, während sie auf Webseiten surfen, die niemanden interessieren, um Online-Datenbanken zu verwenden, in denen sie nichts finden, und Programme herunterzuladen, die sie nicht brauchen.

Grundlage pannenbewehrter Online-Kommunikation sind so genannte »Browser«. Wie ein Blick in jede Dusche bestätigen wird, sind das Gegenstände mit viel zu kleinen Löchern, durch die viel zu wenig hindurchtröpfeln kann. Haupteinsatzgebiet von Browsern ist das so genannte »Surfen« – also der Versuch, trotz widriger Umstände das Gleichgewicht zu behalten, um hinterher wieder genau da herauszukommen, wo man gestartet ist.

Glasers Erkenntnis:

Chat ist die umständlichste Art, miteinander zu telefonieren.

Die FTP-Regel:

Der Download scheitert immer bei 00 Prozent.

Konkretisierung der FTP-Regel:

Systemfehlermeldungen mit anschließendem Verbindungsabbruch und Löschen des Empfangspuffers erhältst du nur dann, wenn du bereits 98 Prozent eines sehr langen Dokuments heruntergeladen hast.

Die Download-Regeln:

1. *Wenn du ein Tool herunterlädst, ist es gepackt und du hast den entsprechenden Entpacker nicht.*

2. *Der Entpacker ist nur in der inkompatiblen Vorversion abrufbar.*

3. *Ist das Tool als selbstextrahierendes Archiv abgelegt, ist der Entpacker zehnmal länger als das Tool selbst.*

Konsequente Fortsetzung der Download-Regeln:

1. *Das Tool wird nicht laufen.*

2. *Läuft es doch, dann ist keine Anleitung dabei.*

3. *In jedem anderen Fall wird das Tool die Aufgabe nicht erfüllen, zu der du es gebraucht hättest.*

Genios-Axiom von den Abfragesprachen in Online-Datenbanken:

Vergiss alles, was du jemals über einheitliche Abfragesprachen gehört hast.

Konkretisierungen des Abfragesprachen-Axioms:

1. *Die einzigen Befehle, die eine Online-Datenbank beherrscht, sind die, auf die du trotz stundenlangen Probierens nicht kommst.*

2. *Falsche oder falsch eingegebene Befehle führen auf jeden Fall zu einem Ergebnis: sie werden maximale Kosten verursachen.*

3. *Hilfefunktionen sind für Datenbankbetreiber überflüssiges Beiwerk.*

4. *Die Muster-Abfrage, die in der Werbebroschüre eines Datenbankbetreibers aufgeführt ist, ist die einzige, die funktioniert.*

5. *Sie funktioniert jedoch nur mit den angegebenen Suchbegriffen. Ist als Beispiel »SEARCH Auto AND Bundestag« angegeben, dann führt die Suche mit anderen Begriffen als »Auto« und »Bundestag« zu einer kostenpflichtigen Fehlermeldung.*

Axiom vom Informationsgehalt von Online-Datenbanken:

Die Informationsmenge I, die in einer Online-Datenbank gespeichert ist, lässt sich durch folgende Formel darstellen:

$$I = A - G$$

wobei A die Gesamtheit aller Informationen ist, die zu einem Thema vorliegt und G die von dir gesuchte Information.

Folgerung:

Du wirst in einer Online-Datenbank alles finden, nur nicht das, was du suchst.

Das IRC-Dilemma:

In einem Chat ist die Konferenz entweder zu voll oder es ist außer dir keiner da.

Das Passwortgesetz:

Die Anzahl der vergessenen Passwörter steigt exponentiell mit der Zahl deiner Benutzerkennungen.

Taus' Seufzer:

1. *Du wirst immer mehr Kennwörter vergessen als besitzen.*

2. *Die Kennwörter, an die du dich noch erinnerst, hast du letzte Woche geändert.*

Axels Erweiterung:

Wenn du dich dennoch an ein noch gültiges Kennwort erinnerst, gilt es für ein anderes System.

Der Telekom-Dreisatz:

1. *Soll ein Merkblatt über einen neuen Telekommunikationsdienst der Telekom in jedem T-Punkt erhältlich sein, dann ist es bei deinem unbekannt, wenn du danach fragst.*
2. *Ist es bekannt, dann ist es auch vergriffen.*
3. *Deine Telefonrechnung ist immer doppelt so hoch, wie in deinen kühnsten Träumen befürchtet.*

Privatisierungserweiterung des Telekom-Dreisatzes

Es werden nur die Dienste billiger, die du nicht nutzt – beispielsweise die Telefonkosten in den Südjemen oder der Mietpreis für meteorologische Satelliten in geostationären Umlaufbahnen.

Gesetz der Rekursion

Jede wirklich wichtige Nachricht, die über eine Mailingliste verschickt wird, wird von einem übereifrigen Spam-Filter abgefangen.

Erweitertes Rekursionsgesetz:

Hast du dagegen völlig übermüdet eine unsinnige, lächerliche und falsche Nachricht eingetippt, wird sie Stunden später im gesamten Netz zu lesen sein.

Die Grundregel von Kompatibilität verschiedener Modemstandards:

1. *Eine 56K-Übertragungsrate führt zu*
   ")%'»!/_¿&y\-.

2. *Jede andere Übertragungsrate führt zu*
   «)%'!/_¿&y\-».

3. *In deiner Software lassen sich nur Übertragungsraten einstellen, die entweder dein Modem oder dein Provider nicht unterstützen.*

Die Winfax-Wiederholung:

1. *Faxen per PC ist der gelungene Versuch, ein falsch formatiertes Dokument mit dem falschen Ansprechpartner aus der Fax-Adressverwaltung so an die verkehrte Nummer abzusenden, dass der Rechner durch einen Schnittstellenfehler abstürzt, Dokument und Datenbank löscht und du hinterher feststellst, dass du ein Dokument übertragen hast, dass die Firma unter keinen Umständen verlassen durfte.*

2. *Übertragungsfehler erfolgen immer beim eigentlichen Dokument, nie beim Deckblatt.*

Die ISDN-Einsicht des Leonardo:

Beim Dateiaustausch zwischen Rechnern mit verschiedenen Betriebssystemen wird das Einzige, was auf dem Zielrechner ankommt, der falsch konvertierte Dateiname sein.

Die E-Mail-Logik:

Electronic Mail ist der gelungene Versuch, anderen Menschen im Netz Nachrichten zukommen zu lassen, die diese nicht lesen. Wenn sie sie doch lesen, waren sie nicht für sie bestimmt.

Das Privat-Mail-Axiom:

Du bekommst nie E-Mail von der netten Frau aus dem Chat. Sondern nur Spam.

Die konsequente Erweiterung des Privat-Mail-Axioms:

Das gilt auch für SMS.

Die Newsgroup-Regel:

Nur wenn du die Newsgroup nicht liest, steht die Ausschreibung für den Job deines Lebens drin. In jedem anderen Fall sind sie gefüllt mit MBytes an Flame-Wars.

Gesetzmäßigkeit der Online-Spiele:

Du schaffst es nie auf den ersten Platz der Highscore-Liste.

Das Link-Axiom:

Der einzige Link in einer Link-Liste, der dich interessiert, geht nicht.

Die Suchmaschinenerkenntnis:

Das einzige Dokument, das die Information enthält, die du brauchst

- *steht immer auf Platz 56.000, wenn du von vorne blätterst*
- *steht auf Platz 21, wenn du die »20 Treffer pro Seite«-Seiten von hinten durchgehst*
- *wird durch die Filterbedingungen ausgeblendet*

Peters Werberegel:

Das Erste, was du bei langsamen Verbindungen auf den Bildschirm bekommst, ist die Bannerwerbung.

Jessicas Browser-Erkenntnis:

Du wirst auf die einzige Site, die dich während einer Surf-Session wirklich interessiert, nicht draufkommen.

Spezifizierung von Jessicas Browser-Erkenntnis:

1. *Wenn du mit dem Netscape Navigator surfst, wird sie nur mit dem Internet Explorer lesbar sein.*
2. *Wenn du mit dem Internet Explorer surfst, wird sie nur mit dem Netscape Navigator lesbar sein*
3. *Hast du den richtigen Browsertyp, dann läuft die Site nur mit einer neueren Version.*
4. *Wenn du dir diese herunterlädst, wird sie deinen Computer zum Absturz bringen.*
5. *In jedem anderen Fall läuft die Site nur mit einer Flash-Version, die du nicht hast oder nicht installiert bekommst.*

Friederichs Gesetz vom Online-Sex:

Du hast immer dann eine Pornografie-Website auf dem Bildschirm, wenn dein Chef oder deine Ehefrau ins Zimmer kommt.

3.0 Menschen

Unbestätigten Gerüchten zufolge existiert außerhalb des Dreiecks Computerfan – Computer – anderer Computerfan eine andere, geheimnisvolle Welt voller Nicht-Computerfans.

Diese Welt hat unmittelbar Einfluss auf ein Computersystem. Sowohl unmittelbar – durch Stromversorgungen, Disketten oder anderen Gegenständen im näheren Einflussbereich – als auch mittelbar über den Computerfan an sich. Dieser Einfluss äußert sich vor allem darin, Computerfehler wahlweise zu aktivieren, zu animieren, zu antizipieren, zu arrangieren, zu deduzieren, zu intensivieren, zu optimieren oder zu konzentrieren – auf jeden Fall aber den Computerbesitzer zu drangsalieren.

Der Ruf zum Essen wird getreu Murphys Grundregel so erfolgen, dass ein gerade in der Entwicklung begriffener genialer Algorithmus auf immer in Vergessenheit gerät und ein ins Zimmer stürzendes Kind (gleich welchen Alters) auf die alles entscheidende Diskette treten wird.

Doch auch die Brüder im Geiste – also andere Computerbesitzer – sind im Produzieren von Fehlern, Schäden und Missständen mindestens genauso begabt, weswegen sie (obwohl eigentlich unpassend) ebenfalls in diesem Kapitel abgehandelt werden.

Gesetz von der strukturellen Unverträglichkeit von Computerhobby und Ehefrauen:

Nur bei einem längeren nicht abgespeicherten Quellcode benutzt eine Ehefrau das einzige Gerät im Umkreis von 10 Kilometern, das sofort die Hauptsicherung durchbrennen lässt.

Das Baby-auf-dem-Schoß-Axiom (auch <CTRL><ALT><DEL>-<N>-Axiom genannt):

Ein Kind, das mit seinen Händen an die Tastatur gelangt, erwischt bei der ersten Berührung die einzige Tastenkombination, mit der etwas zu zerstören ist. Gibt es mehr als eine Möglichkeit, sucht es sich die Unheilvollste aus.

Eingeschränktes Baby-auf-dem-Schoß-Axiom:

Hindert man es daran, eine verhängnisvolle Tastenkombination zu erwischen, führt das zumindest zu einjcbbbbbbj,zhfh.j.uikgouiolizokizh.o.gjk.gjk.gk.gk.gk.jg kjgkj.gk.jgkjgkj.g.kjgkjkgj.k.gjkgj.gk.j.gkjg.jkgjkgjkgjkgjkgjkgjg kjgjk

Mausgesteuertes Baby-auf-dem-Schoß-Axiom:

Wer denkt, dass ein Kind mit einer Maus geringeren Schaden anrichten kann, irrt.

Das Interessierte-Jugendliche-Phänomen:

Das Einzige, wofür sich deine heranwachsenden Kinder an deinem Computer interessieren, sind die zahlreichen Spiele-Raubkopien, die sie während deiner Abwesenheit auf die Festplatte kopieren.

Folgerung aus dem Interessierte-Jugendliche-Phänomen:

Diese Tätigkeit wird jeden existierenden Virus im Umkreis von 400 Kilometern auf deinen Computer befördern.

Gleichnis von der Sachlichkeit in Computerclubs:

Egal welchen Computer du besitzt: du hast nie das neueste oder beste Modell und wirst in deinem User-Club für ihn ausgelacht werden.

Gabis Postulat von der Themenbezogenheit deutscher Computerclubs:

1. *Um themenbezogen und effektiv arbeiten zu können, muss jeder deutsche Computerclub als eingetragener Verein arbeiten.*

2. *Wozu themenbezogene und effektive Arbeit? Es gibt doch so viel wichtigere Dinge wie Vereinswahlen, Vorstandsquerelen oder Satzungsdiskussionen.*

4.0 Computerfreaks

Um zu klassifizieren, worum es in diesem Kapitel geht –. nämlich um den Computerfreak – muss zunächst einmal der- beziehungsweise diejenige definiert werden, um den es hier nicht geht. Als abgrenzende Definition gilt also für uns die

Definition von Computeranwendern:

Gestresstes, zumeist weibliches Wesen, das mit unbrauchbaren Programmen, unverständlichen Handbüchern und unangepassten Peripheriegeräten vor einem augenschmerzenden Bildschirm Arbeiten verrichten soll, die es ohne Computer in der Hälfte der Zeit erledigen könnte.

Die übrigen biodynamischen Computerperipheriegeräte kann man nun in drei große Gruppen aufteilen. Zum einen ist da die

Definition von Heim- und SOHO-Anwendern

Männliches Wesen, dem es nichts ausmacht, endlose Stunden tür eine Iätigkeit zu opfern, die keinen praktischen Nutzen hat, dabei jeden Bezug zur Realität verliert und keine Zeit mehr für seine Umgebung, seine Mitmenschen, seine Freunde und seine Familie hat.

Im Unterschied dazu die

Definition vom professionellen PC-Anwender:

Männliches Wesen, dem es nichts ausmacht, endlose Stunden für eine Tätigkeit zu opfern, die keinen praktischen Nutzen hat, dabei jeden Bezug zur Realität verliert und keine Zeit mehr für seine Umgebung, seine Mitmenschen, seine Freunde und seine Familie hat.

Die letzte, sich in den letzten Jahren virulent vermehrende Gruppe sind die Surfer:

Definition von Surfern:

Männliches Wesen, dem es nichts ausmacht, endlose Stunden für eine Tätigkeit zu opfern, die keinen praktischen Nutzen hat, dabei jeden Bezug zur Realität verliert und keine Zeit mehr für seine Umgebung, seine Mitmenschen, seine Freunde und seine Familie hat.

Renates zwei Gesetze von der vermuteten Versuchung:

1. *Wenn ein Mann anfängt, Bemerkungen fallen zu lassen wie »wir leben in einem Informationszeitalter«, dann will er sich einen Computer kaufen.*
2. *Spricht ein Mann nicht davon, dann hat er ihn schon bestellt.*

Barbaras Axiom von der Drei-Stufen-Problembearbeitung:

Ein Computerfreak behandelt ein Problem in drei verschiedenen Stufen:

1. *Wo ist da ein Problem? Ich sehe nichts. Lass mich in Ruhe.*
2. *Mit macht es Spaß, an schier unlösbaren Problemen zu knobeln. Lass mich in Ruhe.*
3. *Welches Problem? Nein, gelöst habe ich es nicht, es war mir zu langweilig. Lass mich in Ruhe*

Die finanzielle Erkenntnis:

Niemand braucht einen Computer. Aber kein Computerbesitzer will das Gesicht verlieren, indem er zugibt, dass die ganze Sache ein teurer Irrtum war.

Gertis erweitertes Gesetz:

1. *Männer lieben Computer, weil Computer das tun, was ihnen befohlen wird. Ob das mit dem, was sie tatsächlich tun wollen, übereinstimmt, ist demgegenüber unwichtig.*

2. *Mit «sie» sind sowohl die Männer als auch die Computer gemeint.*

Doros Fachmannregel:

Wenn Computerfachleute behaupten, das Publikum solle Computer verstehen, meinen sie in Wirklichkeit, das Publikum solle Computer als gottgegeben hinnehmen und nicht so viel Theater um das Thema machen, damit Computerfreaks das tun können, was sie wollen, ohne von der Außenwelt gestört zu werden.

Platts erstes Computergesetz:

Egal wofür sich jemand einen Computer kauft, spätestens nach einer Woche wird er 26 Stunden pro Tag damit spielen und nichtssagende E-Mails verschicken.

Die Erkenntnis der Textverarbeitungs-Romantik

1. *Ein Computerfan braucht ein Textverarbeitungsprogramm, einzig dazu, dir anstelle eines Liebesbriefs einen Serienbrief zu schicken.*

108

2. Die Länge des Briefs an dich steht in umgekehrtem Verhältnis zur Anzahl der verwendeten Programmfunktionen und eingesetzten Schriftattribute.

Das Zeitsparparadoxon

1. Die Zeit, die ein Computerfreak durch Automatisierung von Aufgaben spart, steht in umgekehrtem Verhältnis zur Dauer der Programmierung. Die gesparte Zeit Z kann dargestellt werden mit folgender Formel:

$$Z = 1 / 1 + (P * H)$$

wobei P die zur Programmierung nötige Zeit und H die Häufigkeit der Aufgabe ist. Im günstigsten Fall spart man also nichts.

2. Ein Computerfreak wird die Zeit, die der Computer automatisch arbeitet, dazu benützen, ihm dabei unbewegt zuzusehen, um festzustellen, ob er richtig läuft.

Der feministische Computeransatz:

Speicherplatz und Gemächt haben eines gemeinsam: Die Größe ist eigentlich nicht so wichtig, aber kein Mann wird das zugeben.

Der maskuline Seufzer:

Undeclared identifier(s): 'Frauen', 'Maedchen'.

C. Opfer

Die Computerindustrie ist eine verschworene Gemeinschaft. So haben sich Programmierer, Freaks sowie Hard- und Softwarehersteller gegen den Anwender verschworen. Anwender, Freaks und Programmierer haben sich gegen die Hard- und Softwarehersteller verschworen. Freaks, Anwender, Hard- und Softwarehersteller haben sich gegen die Programmierer verschworen. Und alle zusammen wiederum sind verschworen gegen diejenigen Menschen, die von einem Computer nur wissen, dass er Platz auf dem Schreibtisch wegnimmt.

Diesen Kampf kann natürlich niemand gewinnen. Genauer gesagt: Es kann kein Mensch gewinnen. Denn mit seiner in Bits und Leiterbahnen fest verankerten Heimtücke bleibt natürlich der Computer als lachender Dritter ungeschoren. Grundsätzliche Erkenntnis aller von EDV Betroffenen – kurz: aller Opfer – ist die

Grunderkenntnis der EDV-Anwendung:

Ein Computer ist dazu da, dir die Arbeit zu erleichtern, die du ohne ihn nicht hättest.

1. Programmierer

Programmierer sind (trotz anders lautender Gerüchte) Menschen, die zu nachtschlafender Zeit mit völlig untauglichen Entwicklungspaketen für nicht zusammenpassende Konglomerate fehlerverseuchter Hardware versuchen, im Auftrag von unfähigen Anwendern deren einander widersprechende Anforderungen in Programme umzusetzen, die am Schluss niemand verwendet.

Programmierer zerfallen in zwei Kategorien. Die eine Sorte versagt bei dem Versuch, für viel zu wenig Geld mit viel zu viel Aufwand die logischen Irrtümer von Programmiersprachen, die Fehler von Compilern und die in Silizium gegossenen Ungereimtheiten der Hardware so gegeneinander auszuspielen, dass das Computersystem am Schluss wenigstens hin und wieder das tut, was man von ihm erwartet. Die andere Sorte tut dieses ganz umsonst. Beide tun es vergebens.

Generell ist das Denken eines Programmierers

- *logisch:* »IF 1=2 CALL Mainprogram«
- *strukturiert:* »ON Hunger CALL Pizza.de ELSE RETURN«

und von keinerlei Vorurteilen beeinträchtigt. Obwohl es einzelne Vertreter dieses Berufszweigs geben soll, die dem Vorurteil aufsitzen, dass ein Computer dazu geschaffen wurde, dem Menschen zu dienen. Anstatt umgekehrt.

Oder, wie es der berühmte angloamerikanische Schriftsteller Wilhelm D. Base Shakespeare sagte: 2b .OR. .NOT. 2b.

Es ist zwar schwierig, Murphys Computergesetz aus Sicht des Programmierers zu schildern (schließlich ist ein Programmier das im Grunde völlig überflüssige Glied der Kette Marketingabteilung-Werbeabteilung-Programmierer-Vertriebsabteilung-Anwender-Reklamationsabteilung-Updateabteilung), aber auf den folgenden Seiten soll der Versuch dazu unternommen werden. Auch wenn sich Softwarehäuser und Anwender seit Jahren darüber einig sind, dass ihr Leben ohne die überbezahlten Programmierer und deren Einwände über die Machbarkeit bestimmter Programmanforderungen sehr viel leichter wäre.

Namhafte Hersteller sind deswegen mit wachsendem Erfolg seit geraumer Zeit dazu übergegangen, ihre Software mittels »CASE« (»Computer Aided Software Engineering«) direkt entwickeln zu lassen, weil letztendlich nur ein Computer Programme so schreiben kann, dass andere Computer sie auch in der richtigen Art missverstehen können.

Lükes Grundlage der Programmierung:

Es wird nicht funktionieren.

Erste Ableitung:

Funktioniert es doch, dann hat es jemand anderes geschrieben.

Zweite Ableitung:

Fluchen ist die einzige Sprache, die alle Programmierer fließend sprechen.

Schlussfolgerung:

Ein Computer wird das tun, was du programmierst – nicht das, was du willst.

Das Machrone-Statement:

Wenn du es entwickeln kannst, ist es überholt.

112

Die Konkretisierung des Machrone-Statement:

Erst wenn du dein Programm fertig entwickelt hast und deine letzten Kredite in den Entwurf von Anzeigen und Werbematerialien gesteckt hast, wirst du feststellen, dass Microsoft ein gleichartiges Programm auf den Markt werfen wird.

Verallgemeinerungen des Machrone-Statements:

1. Egal wie groß und standardisiert ein Marktsegment ist, Microsoft kann es umdefinieren.
2. Egal wie klein ein Marktsegment ist, Microsoft wird es für sich beanspruchen.
3. Ansonsten gibt es das Programm im Internet kostenlos.

Doppelregel für Hobbyprogrammierer:

1. Führst du ein selbstprogrammiertes Programm vor, dann stößt du beim ersten Mal auf einen offensichtlichen Fehler.
2. Gravierende Fehler sind von dir nicht reproduzierbar. Sie werden allerdings von jedem bemerkt, der außer dir dein Programm startet.

Axels Erkenntnis vom Debugging:

Nichts verbessert ein Programm so sehr wie das Fehlen von Kontrollroutinen.

Axels erweiterte Erkenntnis:

Wenn Debugging der Vorgang ist, Fehler aus einem Programm auszubauen, dann ist Programmieren der Vorgang, Fehler einzubauen.

Axels Folgerung:

Wenn du nicht weißt, was du tust – mach es elegant.

Erster Grundsatz der EDV-Spezialisierung:

Jeder Entwickler, der von außerhalb der Stadt kommt, ist ein Fachmann.

Zweiter Grundsatz der EDV-Spezialisierung:

Ein Spezialist ist jemand, der immer mehr über immer weniger weiß, bis er zum Schluss absolut alles über gar nichts weiß. Dann nennt man ihn Berater.

Clarkes Reihenfolge der Softwareentwicklung:

1. Es ist unmöglich – ich verschwende doch nicht meine Zeit.

2. Es ist möglich, aber nichts wert.

3. Ich sage ja, dass diese Idee von mir großartig ist.

4. Kann mir mal jemand sagen, warum die Konkurrenz schon wieder schneller war?

Mexners Speicheraxiom:

Programmcode neigt dazu, den kompletten zur Verfügung stehenden Speicher auszufüllen und zu überschreiten.

Die Zerberus-Erweiterung:

Wenn du sämtliche Kommentarzeilen löschst und umständliche Programmroutinen neu und kürzer programmierst, wird das Programm hinterher länger sein, mehr Speicherplatz benötigen, zu groß für den Compiler sein und darüber hinaus nicht mehr funktionieren.

Gesetze vom Arbeitszimmer:

1. *Alle horizontalen Flächen werden in kurzer Zeit von Gerümpel bedeckt sein.*

2. *Die CDs liegen darunter.*

3. *Das dringend benötigte Pflichtenheft ist nirgends.*

4. *Zigarettenasche und Kaffee befinden sich irgendwo dazwischen.*

Der Katastrophenschutz:

Wer lächelt, wenn etwas schief geht, weiß einen, den er dafür verantwortlich machen kann.

Die acht ehernen Kundengesetze:

1. *Es kommt einem Kunden nie darauf an, was ein Projekt kostet, sondern wie viel er dabei einspart.*

2. *Wenn du ein Programm erfolgreich ergänzt hast, wird es der Kunde nicht mehr haben wollen.*

3. *Kein Kunde weiß, was er eigentlich will.*

4. *Jeder Kunde weiß, was er nicht will.*

5. *Kein Kunde will das, was du bereits fertiggestellt hast.*

6. *Er weiß auch nicht, was er stattdessen möchte.*

7. *Der Kunde, der am wenigsten zahlt, meckert am meisten.*

8. *Größere Änderungen wird der Kunde immer dann verlangen, wenn ein Produkt eben ausgeliefert wurde.*

Merksatz vom zeitverzögerten Bug:

1. Du wirst den entscheidenden Fehler erst dann entdecken, wenn das Programm sechs Monate lang fehlerfrei lief.

2. Dieser Fehler wird die Daten verfälscht oder vernichtet haben, die nicht wiederherstellbar sind und auf die es bei dem Programm in erster Linie ankam.

3. Der Quellcode ist inzwischen unauffindbar.

Peters Gesetz vom Spagetticode:

Die Programmverwicklung wächst so lange, bis sie die Fähigkeiten des Programmierers übertrifft, der es weiterentwickeln muss.

Die Erweiterung von Peters Gesetz:

Die Vorarbeit wurde immer von Leute ausgeführt, die im Begriff waren, die höchste Stufe ihrer Unfähigkeit zu erreichen.

Das Analyse-Axiom:

Nach sorgfältiger Analyse der Programmstruktur und großem Aufwand wird festgestellt werden, dass es das falsche Programm ist und bei der zu lösenden Aufgabe nicht verwendet werden kann.

Prämisse vom unveränderlichen Stress:

Anstrengung x Zeit = konstant

Erste Ableitung der Stressprämisse:

Wenn du noch viel Zeit hast, wirst du wenig Anstrengung investieren.

Zweite Ableitung der Stressprämisse:

Nähert sich die zur Verfügung stehende Zeit dem Wert Null, wächst die Anstrengung ins Unendliche.

Dritte Ableitung der Stressprämisse:

Ohne die »letzte Minute« würdest du nie irgend etwas erledigen.

Allgemeine Konzeptionsgesetze:

A) *Du hast niemals Zeit, es richtig zu machen, aber beliebig viel Zeit, es nochmals zu machen.*

B) *Alles, was an dem Pflichtenheft eines Programms änderbar ist, wird so lange geändert, bis es zu spät ist, noch irgend etwas am Programm selbst zu ändern.*

Rüdigers Gesetze vom Debugging:

1. *In jedem Programm neigen Fehler dazu, am entgegengesetzten Ende deiner Fehlersuche aufzutreten.*

2. *Wenn ein Listing Fehler aufweist, sieht es fehlerfrei aus.*

3. *Wenn ein Fehler entdeckt und korrigiert wurde, stellt sich heraus, dass es schon zu spät ist.*

4. *War es nicht zu spät, war die Korrektur falsch und der ursprüngliche Text richtig.*

Folgerung 1:

Nachdem die Korrektur falsch war, wird es unmöglich sein, den Anfangszustand wieder herzustellen.

Folgerung 2:

Von zwei möglichen schlechten Ereignissen wird nur das tatsächlich eintreten, bei dem der Fehler auf dich zurückzuführen ist.

Das Qualitätssyndrom:

Jedes Programm, das gut beginnt, endet schlecht. Ein Projekt, dessen Programmierung schlecht beginnt, endet furchtbar.

Folgerung 1:

Was einfach aussieht, ist schwierig. Was schwierig aussieht, ist unmöglich. Was unmöglich aussieht, kann sogar die Putzfrau ohne Computer lösen.

Folgerung 2:

Eine Grenze dafür, wie schlimm es noch werden kann, gibt es nicht.

Folgerung 3:

Die Putzfrau hat längst bei der Konkurrenz als Systemprogrammiererin angefangen.

Wulfs Prinzip der geringsten Verwunderung:

Wenn etwas einmal auf eine bestimmt Art realisiert wurde, dann muss es immer und überall so realisiert werden.

Die Softwareteam-Ableitung:

Zur Lösung von Programmierproblemen hat jeder im Softwareteam mindestens einen Plan, der nicht funktioniert.

Das Routinengesetz:

1. Jede Programmroutine, in die ein Fehler einschleichen kann, wird auch einen enthalten.

2. Auch in Routinen, die fehlerlos sein müssen, sind Fehler.

Erste Folgerung:

Jeder Fehler wird dort sitzen, wo er am spätesten entdeckt wird und den größtmöglichen Schaden anrichtet.

Zweite Folgerung:

Jeder Fehler tritt erst dann auf, wenn das Gesamtprogramm die letzte Kontrolle durchlaufen hat.

Dritte Folgerung:

Wird der Fehler früher bemerkt, ist die Ursache nicht zu finden.

Gesetz vom Schluss:

Die Fertigstellung eines Programms braucht immer doppelt so lang wie geplant. Wird dieses Gesetz beim Zeitplan berücksichtigt, so gilt der Satz der Rekursion.

Der Adaptionslehrsatz:

Die Anpassung eines Programms auf ein anderes Computersystem bewirkt, dass es auf dem Rechner, für den es ursprünglich geschrieben wurde, nicht mehr lauffähig ist. Der Versuch der Anpassung an den ersten Rechner bewirkt, dass das Programm auf keinem der beiden Rechner läuft.

Die Multiplikationstheorie:

Die Zahl der Personen in einem Programmierteam neigt zur Zunahme ohne Rücksicht auf die Menge der anfallenden Arbeit.

Ergänzung:

Tust du jemandem einen Gefallen, dann bist du ab sofort und auf Dauer verantwortlich.

Robbins Grenzwertbestimmung:

Die Minimalanforderung im Pflichtenheft sind zugleich das Maximum an Leistung, das auf dem geforderten Computertyp realisierbar ist.

Hartz' Unsicherheitsfaktor:

Unklarheit ist eine unveränderliche Größe.

Gesetz über die Programmänderung:

Je einfacher eine Änderung zu sein scheint, umso größere Kreise zieht sie und umso mehr Routinen müssen neu geschrieben werden.

Vereinfachende Ableitungen:

1. *Wo ein Wille ist, ist auch ein »geht nicht«.*
2. *Nichts ist so einfach, dass man es nicht falsch machen kann.*

Die Abfangregel:

Wenn du eine Routine entwickelst, die offensichtliche Fehler vor der Ausgabe abfängt, wird es Anwender geben, die sich diese fehlerhaften Daten schon zuvor, unter Umgehung dieser Abfangroutine, besorgen können.

Axiom von der Recherche:

Die Information, die am dringendsten benötigt wird, ist am wenigsten erreichbar.

Gesetz von der Findigkeit des Anwenders (»4+1=5«-Gesetz):

Wenn man feststellt, dass es vier verschiedene Möglichkeiten gibt, ein Programm zum Absturz zu bringen, und man schaltet diese vier aus, findet der erste Anwender eine fünfte.

Verallgemeinerung:

Du kannst jedes Programm narrensicher machen, aber keines verdammt narrensicher.

Das Dokumentationsgesetz:

Ein Handbuch wird nicht gelesen. Die FAQ auf der Website ist nutzlos.

Beweis des Dokumentationsgesetzes:

Wenn du jemandem erzählst, dass es $3*10^{11}$ Sterne im Universum gibt, wird er dir glauben – wenn du ihm sagst, dass die Bank, vor der er steht, frisch gestrichen ist, wird er sie anfassen.

Ausnahmen:

1. *Schlechte Handbücher werden von Testredakteuren gelesen.*
2. *Es werden nur die Abschnitte im Handbuch gelesen, die einen Anwender dazu veranlassen, das Falsche zu tun.*
3. *Jedes Handbuch ist bei Drucklegung veraltet, die On-line-Version ist ausschließlich in der vorletzten Version verfügbar.*

Axiom von der Relation Handbuch/Programm:

Wenn du etwas so genau erklärst, dass es nicht miss-verstanden werden kann, wird es irgendwer doch tun.

Gesetz vom Zusammenhang zwischen Testbericht und Handbuch (»C'T-Gesetz«):

1. *Machst du ein gutes Handbuch, ist es dem Testredakteur nicht ausführlich genug.*

2. *Machst du ein gutes und ausführliches Handbuch, werden Handbücher beim Test nicht bewertet.*

3. *Machst du ein schlechtes Handbuch, ist es das ausschlaggebende Kriterium für die Testberichte in allen Fachzeitschriften.*

Daniels Gesetze über Testberichte:

1. *Dein Programm wird von Computerzeitschriften so lange nicht getestet, bis Konkurrenzprodukte auf den Markt gebracht werden, die besser sind.*

2. *Trifft Satz 1 nicht zu, wird der Testredakteur behaupten, dass die herausragenden Features deines Programms keiner braucht.*

3. *Treffen Satz 1 und Satz 2 nicht zu, hat der Testredakteur die herausragenden Features deines Programms nicht bemerkt.*

Daniels Ableitungen:

1. *Dein Programm schneidet immer am schlechtesten ab.*

2. *Das beste Testergebnis bekommt immer dein härtester Konkurrent.*

3. *Die Wertung ist um so katastrophaler, je wichtiger die testende Zeitschrift für die anvisierte Zielgruppe ist.*

Dogma vom hinterlistigen Algorithmus:

Wenn ein Programm funktioniert, ist vorher etwas schief gegangen.

Folgerungen aus dem Dogma vom hinterlistigen Algorithmus:

a) *Egal was schief geht, es wird richtig aussehen.*

b) *Derjenige, den du um Hilfe bittest, wird den Fehler nicht bemerken.*

c) *Derjenige, der mit unerbetenen Ratschlägen dazukommt, wird ihn sofort entdecken.*

d) *Egal was schief geht, immer ist jemand da, der es schon vorher wusste.*

e) *Glaube nicht an Wunder – verlass dich auf Sie.*

Die Tempelmann-Erkenntnis vom eleganten Programmieren:

Komplexe Probleme haben einfache, leicht umzusetzende, aber falsche Lösungen.

Verallgemeinerung:

Die Abkürzung ist die weiteste Entfernung zwischen zwei Punkten.

Positive Ausnahme:

Eine gute Lösung kann praktisch auf jedes Problem angewendet werden. Dabei werden sich jedoch sowohl Problem als auch Lösung zu ihrem Nachteil verändern.

Allgemeine Algorithmentheorie:

1. *Jede Formel und jede Konstante muss als Variable betrachtet werden.*

2. *Die wesentliche Dimension eines Algorithmus hat die größte Chance, weggelassen und/oder vergessen zu werden.*

3. *Sobald ein Programmodul perfekt funktioniert, wird es mit den anderen Modulen nicht zusammenarbeiten.*

4. *Nichts endet jemals so wie geplant.*

5. *In einer gegebenen Aufgabe, die n Gleichungen enthält, werden sich mit Sicherheit n+1 Unbekannte verstecken.*

Theoretisches Gesetz der Programmiersprachen-Kompatibilität (»Java-Axiom«)

1) *Prämisse: Selbst wenn es gelänge, alle Programmiersprachen der Welt durch eine einzige einheitliche Programmiersprache zu ersetzen – es wird auch dann immer genug Hersteller geben, die diese einzige einheitliche Programmiersprache in einer eigenen Spezialentwicklungen auf den Markt bringen.*

2) *Folgerung: Diese Spezialentwicklungen werden zu nichts kompatibel sein außer zu sich selbst.*

3) *Einschränkung: Die Inkompatibilität erstreckt sich selbstverständlich auch auf verschiedene Versionsnummern derselben Spezialentwicklung.*

Praktische Anwendung der Programmiersprachen-Kompatibilität:

1. *Da es keine einzige einheitliche Programmiersprache gibt, ist das Wirrwarr total.*

2. *Du darfst es ausbaden.*

Die 90-90-10-Regelung des Programmierprojekts:

1. *Die ersten 90 Prozent des Programms brauchen 10 Prozent der verfügbaren Zeit.*

2. *Die restlichen 10 Prozent des Programms brauchen 90 Prozent der verfügbaren Zeit.*

3. *Du fängst immer mit diesen restlichen 10 Prozent an.*

Konsequente Kundenableitung aus der 90-90-10-Regelung:

Die 10 Prozent, mit denen du angefangen hast, gehören zu der Programmroutine, die der Kunde zu guter Letzt wieder entfernt haben will.

Grays Programmiergesetz:

Für n+1 unwichtige Aufgaben wird die gleiche Zeit zur Durchführung erwartet wie für n Aufgaben.

Die erweiterte Epstein-Heisenberg-Unschärferelation:

Von den Parametern Zeit, Geld und Aufgabe lassen sich immer nur zwei zur gleichen Zeit exakt berechnet werden:

1. *Wenn die Aufgabe und die zur Verfügung stehende Zeit bekannt sind, ist es unmöglich zu berechnen, wie teuer das Ganze wird.*

2. *Wenn die zur Verfügung stehende Zeit und der Etat bekannt sind, wird niemand wissen, welcher Teil der Aufgabe zu lösen ist.*

3. *Wenn die Aufgabe und auch der zur Verfügung stehende Etat bekannt sind, dann wird keiner wissen, ob und wann das Ziel erreicht wird.*

4. *Wer alle drei Parameter bestimmen kann, befasst sich nicht mit dem Bereich der Aufgabenstellung.*

Anabells Projektkontrollen-Konkretisierungen:

1. *Ein schlecht geplantes Programmierprojekt wird dreimal länger dauern als ein gut geplantes. Ein gut geplantes auch.*

2. *Projektteams wehren sich gegen regelmäßiges Reporting, weil dieses zeigt, wie langsam sie vorankommen.*

3. *Ungenaue Projektdefinitionen dienen dazu, die Kostenüberschreitung zu legitimieren.*

4. *Genaue Projektdefinitionen dienen dazu, die Zeitüberschreitung zu legitimieren.*

Postulat vom Pflichtenheft:

1. *Ausnahmen sind grundsätzlich zahlreicher als Regeln.*

2. *Von allen anerkannten Ausnahmen gibt es Ausnahmen.*

3. *Wenn man die Ausnahmen endlich im Griff hat, erinnert sich keiner mehr an die Regeln, für die sie gelten sollen.*

Gesetz des Ärgers:

Sobald du eine Datei löschst, weil du sicher bist, dass du sie nie wieder benötigst, wirst du sie sofort benötigen.

Das Compiler-Strukturgesetz:

Je mehr Strukturbefehle du in deinem Programm verwendest, umso weniger wird dein Compiler übersetzen.

Ergänzung zum Compiler-Strukturgesetz:

Übersetzt werden nur die fehlerhaften Strukturen.

Erste Erweiterung des Compiler-Strukturgesetzes:

Wenn der Compiler ein Programm beim ersten Durchlauf ohne Fehler akzeptiert, wird das fertige Programm nicht den gewünschten Output liefern.

Zweite Erweiterung des Compiler-Strukturgesetzes:

Verzichtest du auf strukturierte Programmierung, wird der Compiler unverständliche Fehlermeldungen produzieren. Die dazugehörigen Fehler wirst du in deinem Spagetticode nicht finden.

Das Zeichenkonvertierungsgesetz:

A. Du kannst Groß- in Kleinbuchstaben und Klein- in Groß-buchstaben umwandeln. Als Ergebnis wirst du aber stets einen Text erhalten, bei dem die Hälfte aller Kleinbuch-staben groß und die Hälfte Großbuchstaben klein ge-schrieben sind.

B. Du kannst den Anfangszustand nicht wiederherstellen.

C. Richtig geschrieben bekommst du den Text nur per Hand.

D. Am Ende ist es weniger Arbeit, den ganzen Text neu einzutippen.

Frankes Blumenerkenntnis:

Egal womit man die Blumen gießt: Die Hälfte dessen läuft immer über die Listings.

Helmuts Befehlsaxiom:

Ein Befehl kann gar nicht so kurz sein, als dass man nicht mindestens dreimal einen Tippfehler einbauen kann.

Ergänzung zu Helmuts Befehlsaxiom:

1. *Tippst du den Befehl fehlerfrei, wirst du zwischen Befehl und abschließendem Return wahlweise ein »<«, ein »#« oder ein »+« schieben.*

2. *Du wirst nie <RETURN> allein drücken können.*

3. *Wenn du das "#" einmal brauchst, findest du es auf deiner Tastatur nicht.*

Erkenntnis des Anwendungsprogrammierers:

Grundsatz: Ein Anwender macht immer das Falsche.

1. *Schreibst du »Tippe (J) oder (N)«, tippt er »(J) oder (N)«*

2. *Schreibst du »Drücke [RETURN]«, tippt er »[RETURN]«*

3. *Schreibst du »Drücke irgendeine Taste«, drückt er auf SHIFT oder betätigt die NUMLOCK-Taste.*

4. *Schreibst du "Klicken Sie OK", wird er den OK-Button im anderen Fenster nehmen.*

5. *In keinem Fall wird er einen Systemhinweis zur Kenntnis nehmen.*

Mulis Registererkenntnis:

1. *Speicherst du etwas in einem Register, und merkst dir genau, was du dort gespeichert hast, vergisst du das Register.*

2. *Merkst du dir das Register, dann wirst du den Inhalt nicht mehr benötigen.*

Die drei grundlegenden Softwarehaus-Irrtümer:

1. *Je größer das Programmiervorhaben, umso später werden grundlegende Ablauffehler entdeckt.*

2. *Wenn ein Problem verschwunden ist, gibt es immer noch Leute, die an der Lösung arbeiten.*

3. Mehr Leute für ein überfälliges Programmierprojekt abzustellen, verzögert die Fertigstellung .

Die drei grundlegenden Softwarehaus-Erkenntnisse:

1. *Ein Programm, das du am Freitags ablieferst, siehst du am Montag wieder.*
2. *Dringlichkeit verhält sich umgekehrt proportional zur Wichtigkeit.*
3. *Das technische Know-how einer Person verhält sich umkehrt proportional zu ihrer Position im Management.*

Grundsatz des Software-Engineering:

Zeit isst Geld.

Treplins Stoßseufzer:

Es gibt zwei Methoden, fehlerfreie Programme zu schreiben. Aber nur die dritte funktioniert.

Ohlmeiers Grundregeln von der Programmierung:

1. *Den Befehl, den du brauchst, hast du vergessen*
2. *Wenn du den Befehl noch kennst, weißt du die Parameter nicht mehr.*
3. *Kennst du beides, verwechselst du die Reihenfolge der Parameter.*

Schlussfolgerung aus Ohlmeiers Grundregeln:

Du musst am Schluss sowieso im Handbuch nachschauen.

Verschärfung:

Erst dann wirst du feststellen, dass dein Problem mit einem anderen Befehl einfacher zu lösen gewesen wäre.

2. Anwender

Landläufig wird ein Anwender definiert als ein Computerperipheriegerät, das versucht, mit völlig unzureichender
Hardware und einem unverständlichen Programm ein Problem zu lösen, das ohne Computer in der halben Zeit lös-
bar wäre. Diese Begriffsbestimmung ist jedoch höchst
ungenau und oberflächlich. Tatsächlich ist ein Anwender
ein Computerperipheriegerät, das versucht, mit völlig unzureichender Hardware und einem unverständlichen Programm ein Problem zu lösen, das es ohne Computer gar
nicht geben würde.

Diese Aufgabe wird dem Anwender erleichtert durch

- *eine deutsche Programmversion,*
- *eine benutzerfreundliche Hardware*
- *mehrere, umfangreiche, einander widersprechende
gedruckte und online verfügbare Dokumentationen*
- *zahlreiche Buxfix-Updates auf der Website sowie*
- *mehrere, umfangreiche, einander und der Dokumenta-
tion widersprechende Handbücher führender Computerbuchverlage*

Eine deutsche Programmversion besteht dabei in der Regel aus einem schlecht übersetzten Handbuch, aus ver-
stümmelten deutschen Systemmeldungen, einer unverständlichen US-Helpsite und englischen Befehlen. Es gilt
das

**Gesetz von der Vergeblichkeit menschlichen
Strebens:**

*1. Regeln oder Hilfsprogramme, die deine Arbeit spürbar
erleichtern könnten, stehen nicht im Handbuch.*

2. Fehlermeldungen, die du erhältst, sind nicht dokumentiert.

3. Die wichtigen Menüpunkte sind unauffindbar.

Unter Benutzerfreundlichkeit ist das entgegenkommende, höfliche und geduldige Verhalten des Anwenders gegenüber dem patzigen, rätselhaften und unflexiblen Verhalten von Hard- und Software zu verstehen. Bestimmung des Anwenders ist es dabei nicht, Lösungswege zu entwickeln, sondern in erster Linie, herauszufinden, warum Programm und Hardware etwas anderes tun als das, was in den jeweiligen Dokumentationen geschildert ist.

Trotz der allgemeinen Gültigkeit von Murphys Computergesetzen ist es für Anwender nicht generell unmöglich, die verschlungenen Wege von Hard- und Software zu enträtseln. Dass dies in der Geschichte der Computer noch niemandem gelungen ist, ist dabei keine endgültige Widerlegung dieses Satzes.

Obwohl es schwierig ist, Murphys Computergesetz aus der Sicht des Anwenders zu schildern (schließlich ist ein Anwender das im Grunde völlig überflüssige Glied der Kette Entwickler-Programmierer-Hersteller-Anwender-Reparaturdienst-Computerschrotthändler), soll auf den folgenden Seiten der Versuch dazu unternommen werden. Auch wenn sich Entwickler, Programmierer und Hersteller seit Jahren darüber einig sind, dass ihr Leben ohne Anwender sehr viel leichter wäre.

Namhafte Hersteller sind deswegen mit wachsendem Erfolg seit geraumer Zeit dazu übergegangen, ihre Hard- und Software entwickeln zu lassen, ohne auf dieses fehlerbehaftete Kettenglied Rücksicht zu nehmen.

Erster Grundsatz der Computeranwendung:

Wenn etwas schief geht, weißt du nur, dass du eine ungerade Zahl von Fehlern gemacht hast.

Zweiter Grundsatz der Computeranwendung:

Die Fehlerzahl n in einem beliebigen Computersystem beziehungsweise einem beliebigen Programmpaket ist nach folgender Formel exakt zu berechnen:

$$n > a$$

wobei a eine beliebig gewählte Zahl ist.

Dritter Grundsatz der Computeranwendung:

Geht nichts schief, ist die Fehleranzahl größer:

$$n + 1$$

Vierter Grundsatz der Computeranwendung:

Wenn nichts mehr funktioniert, lies endlich die Gebrauchsanweisung.

Axiom von der Problemvermehrung:

In jedem großen Problem steckt ein kleines, das gerne raus will.

Schainkers Umkehrung:

In jedem kleinen Problem steckt ein großes, das gerne raus will.

Joachims Stoßseufzer:

Auch wo überhaupt kein Problem ist, steckt ein großes, das gerne raus will.

Greiners Absturzerkenntnis:

Der Grund für den Absturz liegt immer jenseits der Grenze deiner Computerkenntnisse.

Gesetz von der statistischen Logik der Softwarehersteller:

80 Prozent der Benutzer setzen laut Marktuntersuchungen nur 20 Prozent der Funktionen ein.

Erste logische Ableitung:

20 Prozent der Benutzer benötigen die 80 Prozent der Funktionen, die sein Programm nicht besitzt.

Zweite Logische Ableitung:

Du gehörst mit hundertprozentiger Sicherheit zu diesen 20 Prozent.

Verdeutlichung:

Ein Programmierer wäre der Letzte, der sein Programm auch anwendet.

Lehrsatz vom Nutzen von Anwendungsprogrammen:

Die Programmfunktion, die du benötigst

- *steht nicht im Handbuch*
- *findest du nicht auf der Website des Anbieters*
- *wird erst im Update des Handbuchs erklärt*
- *wird erst in der nächsten Version des Programms implementiert*

Gesetz von der Kosten- und Zeitmaximierung:

Jeder eilige Programmierauftrag kostet mehr und dauert länger.

Erweiterung:

Jedes Programm kostet mehr und braucht länger – bei jedem Durchlauf.

Die vier Programmgrundlagen:

1. *Jedes Programm das fehlerfrei läuft, ist veraltet.*

2. *Jedes nützliche Programm wird geändert.*

3. *Jedes unsinnige Feature wird sofort dokumentiert.*

4. *Jeder Fehler wird sofort als neue Funktion eingebaut.*

Verallgemeinerung:

Wenn du irgend etwas verstanden hast, ist es veraltet.

Gesetze vom Computerkauf:

1. *Angaben des Herstellers über die Leistung sollten mit dem Faktor 0,5 multipliziert werden.*

2. *Ansprüche der Anwender über die Leistung werden mit dem Faktor 0,25 multipliziert.*

3. *Mitgelieferte Handbücher und Systemdisketten werden sofort in der Poststelle abgelegt und bleiben dort unauffindbar.*

4. *Installations-CD ROMs landen in der Musiksammlung der Sekretärin oder im DVD-Regal unter deinem Fernseher.*

5. *Wenn du nach langem Suchen endlich einen Computer gekauft hast, wird er in der nächsten Woche um die Hälfte billiger werden. Alternativ erscheint ein Modell, dass zum gleichen Preis die doppelte Leistung bietet.*

Ableitungen zur Garantie:

1. *Garantieleistungen werden durch Zahlungen der Rechnung ungültig.*

2. *Eine 180-Tage-Garantie garantiert nur eines: Dass sich das Gerät am 181. Tag selbst zerstört.*

Axiom von der Vergeblichkeit der Fehlerbehebung:

Wenn du deinen Work-around für einen Programmfehler fertiggestellt hast, erscheint die neue Version, in der der Fehler so behoben ist, dass dein Work-around das Programm zum Absturz bringt.

Axiom von der Vergeblichkeit der Speichererweiterung:

Der Hauptspeicher von jedem Computer ist zu klein. Erweiterst du dein System, erscheint die neue Version deines Programms, die mindestens 10 KByte mehr Speicher braucht, als du nach der Erweiterung zur Verfügung hast.

Das erste Grafsche CeBIT-Gesetz:

Zwei aufeinander folgende Termine auf einer Computermesse finden in der maximal möglichen Entfernung voneinander statt.

Ableitung 1:

Zwischen den beiden Orten verkehrt niemals ein Messebus.

Ausnahme:

Zwei aufeinander folgende Termine finden am selben Ort statt, wenn man dazwischen dringend an einen Ort gehen muss, der in der maximal möglichen Entfernung davon liegt.

Ableitung 2:

Wenn man sich auf dem Weg vom einen zum anderen Ort befindet, trifft man unweigerlich einen als Vielredner berühmten Geschäftspartner.

Ableitung 3:

Die beiden interessantesten Vorführungen der Messe finden immer zur gleichen Zeit in unterschiedlichen Hallen statt.

Das zweite Grafsche CeBIT-Gesetz:

Du wirst niemals pünktlich zu einem Termin kommen.

Erweiterungen zum zweiten Grafschen CeBIT-Gesetz:

a) *Kommst du zu früh, hat der Gesprächspartner ohne dein Wissen den Termin abgesagt*

b) *Wenn du dich fast umbringst, um rechtzeitig da zu sein, musst du ewig warten.*

c) *Kommst du zu spät, kommst du zu spät.*

Das dritte Grafsche CeBIT-Gesetz:

Der Hersteller, wegen dem du die Messe vor allem besuchst, hat so kurzfristig vorher abgesagt, dass der Katalog nicht mehr geändert werden konnte.

Ausnahme:

Der Hersteller ist dann vertreten, wenn er das dich interessierende Produkt nicht ausstellt oder der einzig kompetente Mitarbeiter vor Messebeginn krank geworden ist.

Axiom der Fehleroptimierung:

Wenn ein Programm bei dir fehlerfrei läuft, mach dir keine Sorgen. Es wird vorübergehen.

Folgerungen aus dem Axiom der Fehleroptimierung:

1. *Wenn es nicht mehr schlimmer werden kann, wird es schlimmer.*

2. *Wenn du glaubst, der Fehler sei behoben und das Programm läuft wieder, hast du etwas übersehen.*

3. *Wenn eine Kette von Ereignissen schief gehen kann, wird es in der schlimmstmöglichen Reihenfolge geschehen.*

4. *Wenn es schlimm gewesen ist, wird es nochmals passieren.*

5. *Wenn das Schlimmstmögliche eingetreten ist, ist es jemandem, den du kennst erst vor kurzem passiert – nur alles viel schlimmer.*

Erkenntnis über Computerbuchverlage:

Computerbuchverlage produzieren Computerbücher, um darin das zu erklären, was du in Computerzeitschriften nicht verstanden hast. Computerzeitschriften werden aus dem umgekehrten Grund produziert.

Konsequente Folgerung aus der Computerbuchverlags-Erkenntnis:

Du verstehst weder das eine noch das andere.

Das dreifache Gesetz vom Testbericht in Computerzeitschriften:

1. *Der Testbericht über das dich interessierende Programm erscheint eine Woche, nachdem du es gekauft hast.*

2. *Das von dir gekaufte Programm hat immer die schlechteste Bewertung.*

3. *Das Programm, das du fast gekauft hättest, hat die bestmögliche Bewertung.*

Die 13 Beratungs-Trugschlüsse für den leichtgläubigen Käufer (auch das »Was-der-Verkäufer-auf-kritische-Fragen-sagt-Gesetz« genannt):

1. *»Das funktionierte gestern noch.«*

2. *»Der Rechner, auf dem das läuft, wurde vor zehn Minuten verkauft.«*

3. *»Dieser Programmteil ist jetzt zufälligerweise nicht auf dieser Festplatte.«*

4. *»Dieses Problem können Sie leicht umgehen, wenn Sie den Arbeitsablauf in Ihrem Betrieb ein wenig umstrukturieren.«*

5. *»Ich habe mich erst vor zwei Tagen in das Programm eingearbeitet.«*

6. *»Selbstverständlich ist das erweiterbar. Das haben wir schon dutzende Male gemacht.«*

7. *»Unser Spezialist dafür hat zur Zeit Urlaub.«*

8. *»Wir haben nur die Vorführversion des Programms, die neue Version ist aber unterwegs.«*

9. *»Wir haben nur die Vorführversion des Programms, die neue Version ist aber fehlerfrei.«*

10. *»Natürlich finden Sie auf unserer Website eine ständig aktualisierte FAQ-Datei.«*

11. *»Wenn Sie das Programm/den Computer/das Peripheriegerät erst einmal ein paar Wochen in Ihrer Firma haben, dann erledigen sich Ihre Fragen von selbst.«*

12. *»Selbstverständlich haben wir eine Supportabteilung.«*

13. *»Nein, zu diesem Preis kommen keine weiteren Kosten hinzu.«*

Die Programmierer-Übersetzungstabelle

(auch »Was-das-Softwarehaus-wirklich-meint-Erkenntnis« genannt):

- **»Eine Reihe verschiedener Ansätze wurden getestet.«**: Wir haben noch keine Ahnung, was wir machen sollen.

- **»Wir haben einen neuen Ansatz gefunden.«**: Wir haben drei FH-Studenten damit beauftragt.

- **»Großer technischer Durchbruch«**: Läuft zwar nicht richtig, sieht aber sehr nach Hightech aus.

- **»Umfangreiche Usability-Studien wurden durchgeführt.«**: Das Scheißding stürzt ab, wenn es gestartet wird.

- **»Die Testergebnisse sind sehr gut.«**: Wir waren völlig überrascht, als das Ding lief.

- **»Das gesamte Konzept muss überarbeitet werden.«**: Der einzige, der davon eine Ahnung hatte, hat gekündigt.

- **»Es ist in Arbeit.«**: Wir sind so weit hinter dem Plan, dass die Projektmanagementsoftware aussteigt.

- *»Wir verhandeln mit namhaften Investoren.«*: Kein Mensch will es haben.

- *»Ein nicht genannter Investor hat eine namhafte Summe investiert.«*: Ich habe meine senile Tante angepumpt, um wenigstens die Leasinggebühren für meinen Mercedes zahlen zu können.

- *»Wir würden uns freuen, Ihre Meinung zu hören.«*: Wir hören Ihnen zu, sofern das nicht mit dem kollidiert, was bereits fertig ist.

- *»Bitte bestätigen Sie den Erhalt.«*: Wir wollen die Verantwortung abschieben.

D. Erkenntnisse

Für jeden Lebensbereich haben sich über die Jahre hinweg bestimmte Erkenntnisse, Grundregeln oder Philosophien entwickelt. Die EDV ist da keine Ausnahme. Die wichtigsten hat der Autor auf den folgenden Seiten zusammengetragen.

Obwohl diese Wahrheiten und Erkenntnisse zum Teil defätistisch klingen, sollte sich der Leser nicht abschrecken lassen. Schließlich gilt die

Grunderkenntnis der EDV:

Es gibt nur zwei unverrückbare Erkenntnisse im Leben:

1. Der Computer nützt dem Menschen.

2. Die Erde ist eine Scheibe.

Allgemeine Erkenntnis:

Alle allgemeinen Erkenntnisse sind verkehrt.

Grundregel jedes Computerbenutzers:

Lass niemals etwas Mechanisches wissen, dass du es eilig hast.

Die Erleuchtung des Programmierers:

Ein fehlerfreies Programm ist wie die Quadratur des Kreises. Man meint, es könnte gehen, aber keiner hat es je gesehen.

Margheritas Erkenntnis:

Die Wahrscheinlichkeit des Geschehens steht im umgekehrten Verhältnis zum Wunsch.

Seufzer der Computerkids (frei nach Bob Marley):

No Woman, No Cray.

Erkenntnis von den Architekten und Programmierern:

Wenn Architekten so bauen würden, wie Programmierer ihre Programme machen, könnte ein einziger Specht ganze Städte zerstören.

Gottes Einwand:

Wenn ich gewollt hätte, dass der Mensch Computer benutzt, hätte ich ihm 16 Finger gegeben.

Bernds Ferienziel:

Je größer die Insel des Wissens, desto länger die Küste der Verzweiflung.

Gesetz der Logik:

Bei Computern braucht man sich nicht zu wundern, dass grüner Käse herauskommt, wenn man blauen Käse eingibt.

Erweitertes Gesetz der Logik:

»Künstliche Intelligenz« (»KI«) hat genauso viel mit Intelligenz zu wie »Naturidentische Aromastoffe« (»BRRH«) mit natürlichem Geschmack.

Die Doppelerkenntnis vom DVD-Laufwerk:

1. Setze nicht sinnlos Gewalt ein. Hol einen größeren Hammer.

2. Manchmal hilft einstecken.

Über das Schreiben von Programmen:

Programmieren ist wie Romanschreiben. Erst denkt man sich ein paar Typen aus, und dann muss man sehen, wie man mit ihnen zurechtkommt.

Gertis Erkenntnis vom Sinn eines Computers:

So hat auch der Mann einmal jemanden, der ihm aufs Wort gehorcht.

Karins Erkenntnis vom Unterschied zwischen Mensch und Maschine:

Computer sind unzuverlässig, Menschen auch. Computer sind dabei nur wesentlich gründlicher.

Michis Lob des Programmierens:

Endlich mal eine Sprache ohne Plusquamperfekt.

Gesetz vom Irrtum:

Alle großen Entdeckungen wurden durch Irrtümer gemacht.

Folgerung aus dem Gesetz vom Irrtum:

Alle Irrtümer enden mit einer Entdeckung des Irrtums.

Folgerung aus der Folgerung aus dem Gesetz vom Irrtum:

Die Entdeckung des Irrtums ist die Grundlage für den nächsten, schwerer wiegenden Irrtum.

Die Erkenntnis vom Testlabor:

Unter genau kontrollierten Bedingungen wie Temperatur, Feuchtigkeit, Druck und anderen Veränderlichkeiten wird der Computer genau das tun, was ihm gerade gefällt.

Debugging-Erweiterungen:

1. *Wenn eine Testinstallation funktioniert, werden alle betroffenen Unterroutinen so lange funktionieren, bis sie wieder ausgebaut ist.*

2. *Wirklich gravierende Fehler werden erst nach der Installation beim Kunden auftreten*

3. *Wo Routinen Fehleingaben abfangen, wird es Anwender geben, die genial genug sind, sie zu umgehen*

Binomische Regel:

Gott schuf die ganzen Zahlen, alles andere ist Menschenwerk.

Das Datenbankdilemma:

Wenn du dir ein Adressverwaltungsprogramm gekauft hast, mit dem du 500 Adressen bequem verwalten kannst, wirst du feststellen, dass du gar nicht so viele Leute kennst.

Der Rausch der Geschwindigkeit:

Mit Computern lassen sich viele Dinge mit atemberaubender Geschwindigkeit erledigen, die eigentlich überhaupt nicht getan werden müssten.

Letzte Konsequenz:

Die Fehlermeldung ist die gemeinste Rache deines Computers.

E. Hartnäckige Computermythen

Märchen und Sagen waren schon immer ein Mittel des Menschen, unerklärliche Vorgänge erklärbar zu machen. In der Frühgeschichte waren es Götter und Geister, die für jede Unbill verantwortlich waren, die über den arbeitenden Menschen hereinbrachen. Heute, in unserem aufgeklärten Informationszeitalter, treten an ihre Stelle Microsoft, Yahoo, Compaq und Hewlett-Packard.

Doch trotz dieser Versuche, das Wesen von Hard- und Software zu erklären, bleibt noch Raum für zahlreiche weitere Mythen, die sich in der Welt der Computeranwender zum Teil seit Jahrzehnten hartnäckig halten.

Der Ablage-Mythos:

Computereinsatz im Büro wird die Verwendung von Papier überflüssig machen.

Der erste Analog-Mythos:

Computer machen den Menschen überflüssig.

Der zweite Analog-Mythos:

Computer machen irgendetwas überflüssig.

Der Anwender-Mythos:

Irgendwo existiert wirklich benutzerfreundliche Software.

Der Buch-Mythos:

Es gibt ein leicht verständliches Computerbuch, mit dem ich meine Probleme in den Griff bekomme.

Der Chat-Mythos:

Ich kann in einem Chat einen Menschen finden, mit dem ich gut reden kann.

Der Hardware-Mythos:

Lieber noch ein paar Jahre warten, bis die Computer wirklich ausgereift sind.

Der Informations-Mythos:

Über Online-Datenbanken bekommt man jede Information.

Der Integrations-Mythos:

Integrierte Anwenderpakete sind allen Anforderungen gewachsen.

Der ISDN-Mythos:

Bald können auch Macs und PCs problemlos Dateien austauschen.

Der Lösungs-Mythos (1):

Mit Computern lässt sich jedes Problem lösen.

Der Lösungs-Mythos (2):

Mit Computern lässt sich mein Problem lösen.

Der Lösungs-Mythos (3):

Mit Computern lässt sich irgendein Problem lösen.

Der Microsoft-Mythos

Microsoft-Produkte haben sich durchgesetzt, weil sie technisch am weitesten entwickelt sind.

Der Mobil-Mythos:

Mit Handy und Notebook kann ich überall in der Welt konzentriert arbeiten.

Der Notebook-Mythos:

Wer mit einem Notebook im Flugzeug arbeitet, bringt letzteres (nicht ersteren) zum Absturz.

Der Preis-Mythos:

Lieber noch ein paar Jahre warten, bis die Computer noch billiger geworden sind.

Der Rationalisierungs-Mythos:

Computer vereinfachen jede Arbeit.

Der Software-Mythos:

Lieber noch ein paar Jahre warten, bis die Software wirklich ausgereift sind.

Der Viren-Mythos:

Auf meinen PC können keine Viren kommen.

Der WWW-Mythos:

Was ich an Informationen brauche finde ich schnell und bequem im Web.

F. Systemmeldungen auf die wir warten

»(A)bbrechen, (W)iederholen, (F)ehlerbehebung mit großem Hammer?«

»C Fehler 11: Erstes C-Programm, gell?«

»Drücken Sie <F13> zum Start des Intelligenztests.«

»Electronic Commerce Server: Bitte legen Sie Ihre Brieftasche auf den PC und drücken Sie eine beliebige Taste zum Leeren.«

»Falscher oder fehlender Kaffee. Anwender angehalten.«

»Falscher oder fehlender Maustreiber. Katze schlagen (J/N)«

»Fehler 152: Windows nicht gefunden. (J)ubeln, (T)anzen, (P)arty feiern?«

»Fehler 153: Linux gefunden. (A)dventure-Buch kaufen (S)elbstmord begehen (P)rogrammierer einstellen?«

»System mit Klimaanlage. Bitte keine Fenster öffnen.«

»Tragen Sie FEHLER=0 in ihre CONFIG.SYS ein.«

»WindowError:004 – Fehlerhafter Fehler. Alles in Ordnung.«

»Visual Studio .NET: Bitte legen Sie Ihre Brieftasche in Laufwerk A und drücken Sie eine beliebige Taste zum Leeren.«

»PC veraltet. Verbinde mit Onlineshop, um einen neuen zu kaufen (Ja/Ok/Von mir aus)«

G. Famous last words

Viele große Männer (und Frauen) haben auf ihrem Toten-
bett unsterbliche Bonmots von sich gegeben. Wesentlich
profaner – aber genauso unsterblich – sind die letzten
Worte von gewöhnlichen Computerbesitzern.

Was ist schon, aus dramaturgischer Sicht Goethes Forde-
rung nach »Mehr Licht!« gegenüber der Frage eines Hard-
ware-Bastlers, ob denn auf dem Kabel, das er gerade im
Begriff steht anzulöten, noch Strom ist? Natürlich nur in
dem Fall, wenn seine (letzte) Frage von den Umstehen-
den bejaht werden konnte ...

»Ich glaube nicht, dass auf diesem Kabel Strom ist.«

»Ich schreibe nur kurz diese Prozedur zu ende, bevor ich
abspeichere.«

»Der Hersteller hat geschrieben, dass diese beiden Kar-
ten zusammenarbeiten.«

»In der C'T stand, dass bei dieser Pinbelegung nichts passieren kann.«

»Ich glaube nicht, dass dieses Programm einen Virus enthält.«

»Du kannst ruhig abschalten, ich habe den Text schon
gespeichert.«

»Auf der Diskette sind bestimmt keine wichtigen Dateien.«

»Lösch ruhig das ganze Verzeichnis. Ich habe die Dateien
ja noch mal.«

»Meine Festplatte ist garantiert virenfrei.«

»Wieso hätte ich vor dem Start des Festplatten-Optimierers
ein Backup machen sollen?«

»Dieses Laufwerk verträgt diese Behandlung.«

»Bei diesem Onlineshop ist das Bezahlen per Kreditkarte sicher.«

»Meine Notstromversorgung puffert diese Stromschwankungen mühelos.«

»In den Notebook-Akkus ist noch genug Strom.«

»Mir macht ein Absturz nichts aus, das RAM ist batteriegepuffert.«

»Sicher ist das die Druckerschnittstelle.«

»Du kannst den Computer ruhig trotz des Gewitters anlassen, schließlich haben wir einen guten Blitzableiter.«

»Wir brauchen keine Firewall.«

»Vorsicht, fall nicht über das Kabel.«

»Natürlich ist das eine kostenlose Service-Telefonnummer.«

»Das ist die neue Dateiversion, du kannst die alte damit überschreibon.«

H. Glossar

ActiveX

Erfolgreicher Versuch, die Arroganz von Computerprogrammen in Module auszugliedern und mobil zu machen.

Anwender

Peripheriegeräte, die versuchen, mit nicht zusammenpassenden Konglomeraten fehlerverseuchter Hardware auf einer fehlerhaften -> Benutzeroberfläche über einem unausgereiften Betriebssystem mit einem unverständlichen Programm von unfähigen -> Programmierern ein Problem zu lösen, das es ohne Computer gar nicht gäbe.

Befehlsumfang, praxisgerechter

Das von dir gekaufte Programm kann nur die Hälfte.

Benutzerfreundlichkeit

Entgegenkommendes, höfliches und duldsames Verhalten des -> Anwenders gegenüber dem patzigen, rätselhaften und inflexiblen Verhalten seines Computers.

Benutzerschnittstelle, grafische

Visuelle Darstellung des Umstands, dass sich der Benutzer geschnitten hat, wenn er meint, er könne damit vernünftig arbeiten.

Berater

Teurer Experte, der sich durch jahrelange Beschäftigung hervorragend in deinem Business auskennt (->Harem, ->Sex, ->Eunuch).

Betriebswirtschaft

Lehre vom Geld und wie es die Gesetze von -> Mathematik, -> Informatik und gesundem Menschenverstand missachtet.

Businessplan

Anwendung der -> Betriebswirtschaft, um einen -> Wagniskapitalisten davon zu überzeugen, dass du ihm deine Firma, dein Auto und die Arbeitskraft deiner nächsten fünf Lebensjahre schenken darfst, worauf du dich dann CEO nennen kannst.

Call-by-Call-Anbieter

Anbieter von Internet-Zugängen, bei dem du durch Anruf für Anruf herausfinden musst, warum dein Internet-Zugang jetzt schon wieder nicht funktioniert.

Computer-Katastrophen, die zehn größten

Der Anwender, der Programmierer, der Hersteller, das Modell, der PC-Händler, das Betriebssystem, die Programmiersprache, das Anwendungsprogramm, der Online-Zugang und die Benutzeroberfläche.

Daten

1. Gute Daten sind diejenigen, die du bereits in Händen hältst.
2. Schlechte Daten verdrängen gute Daten.
3. Die Daten, die du für die gegenwärtige Krise hast, wurden für die letzte gesammelt.
4. Die verfügbaren Daten erscheinen umso glaubwürdiger, je länger es gedauert hat, sie zu beschaffen und je weiter die Datenquelle vom Betrachter entfernt ist.

5. Daten können zwar zwischen verschiedenen Büros bewegt werden, sie können aber weder neu geschaffen noch gelöscht werden.

6. Wenn du die richtigen Daten hast, hast du das falsche Problem. Oder umgekehrt.

7. In komplexen Systemen gibt es keine Relation zwischen den verfügbaren Daten und den daraus folgendenden Entscheidungen.

Debugging

Systematische Methode, mit den richtigen Überlegungen zu den falschen Schlussfolgerungen zu kommen.

EDV-Journalisten

EDV-Journalisten sind wie Romanautoren. Beide schreiben Erfundenes. Aber nur die Romanautoren geben es zu.

EDV-Marktforscher

Jemand, der über die Entwicklung genauso verwirrt ist wie du, aber der festen Überzeugung ist, er wäre es aus tiefschürfenderen Gründen.

EDV-Marktstudie

Kompatibel zum Mississippi: Eine Meile breit, nur ein Zentimeter tief und es bedarf eines irren Aufwandes, möglicherweise darin enthaltene Goldkörnchen herauszuwaschen, weil in der Regel keine drin sind.

Informatik

Lehre vom Computer und wie er die Gesetze von -> Betriebswirtschaft, Mathematik und gesundem Menschenverstand missachtet.

Interface (1): Mensch-Maschine-Schnittstelle

Menschen, die mit Computern arbeiten, verhalten sich nicht so, wie der Computer verlangt, dass sie sich verhalten sollen.

Interface (2): Netzwerkprotokolle

Computer, die mit anderen Computern zusammenarbeiten, verhalten sich nicht so, wie die andere Computer verlangen, dass sie sich verhalten sollen.

Internet

Das größte Stück PC-Peripherie, das auf dem Markt ist.

Java

Erfolgreicher Versuch von plattformspezifischen Computerfehlern, Fremdsprachen zu lernen, damit sie auch auf anderen Systemen ihr Unheil anrichten können.

Kaffee

Macht jeden Programmierer weiser und lässt ihn auch durch halbgeschlossene Augen sehen.

Kirch, Leo

Multi durch Media

Onlineshop

->PC-Händler für Masochisten

Oktal

Zehn-Finger-System, wenn dir zwei Finger fehlen.

PC-Händler

Es ist leicht festzustellen, ob ein PC-Händler lügt. Schaut auf seine Lippen: Wenn sie sich bewegen, lügt er.

PC-Händler, Unterschied zum Gebrauchtwagenhändler

Ein Gebrauchtwagenhändler weiß, dass er lügt.

Programmierer

Menschen, die zu nachtschlafender Zeit mit völlig untauglichen Entwicklungspaketen für nicht zusammenpassende Konglomerate fehlerverseuchter Hardware auf einer fehlerhaften -> Benutzeroberfläche über einem unausgereiften Betriebssystem versuchen, im Auftrag von unfähigen -> Anwendern deren einander widersprechende Anforderungen in Programme umzusetzen, die am Schluss niemand verwendet.

Sex

Marketingbegriff, zu verwenden, wenn der ursprüngliche ->Businessplan gescheitert ist und dein ->Wagniskapitalist dir den Geldhahn zudreht.

Softwarefirma

Softwarefirmen sind wie Wein: Der Flaschenhals ist immer oben.

Sprachen

1. Die einzige Sprache, die alle Programmierer beherrschen, ist Gleichgültigkeit.

2. Die einzige Sprache, die alle Anwender beherrschen, ist Ignoranz.

Standard

Gelungener Versuch, aus mehreren konkurrierenden Technologien diejenigen herauszufiltern, die nicht funktionieren, sie mit all dem zusammenzufügen, mit dem sie nicht zusammenarbeiten, um das Ganze in Produkte zu bringen, die niemand braucht und die nur dann funktionieren, wenn man das Gegenteil beweisen will. Logische Konsequenz: Das optimale Standardisierungsgremium hat null Mitglieder. -> Java

Undo

Englischer Fachbegriff. Deutsch: »Untat«, »Verbrechen«

Wagniskapitalist

Mensch, der dir bei Sonnenschein einen Regenschirm leiht und ihn bei der ersten Wolke wieder haben will und dafür dein ganzes Geld bekommt.

Windows ME

»Meet Engineer«. Versuch eines Betriebssystems.

Windows 98

-> Grafische Benutzeroberfläche. Die Zahl hinter dem Namen bedeutet alternativ

- die Zahl der CD-ROMs, auf der es ausgeliefert wird
- Prozentsatz der Nutzer, die ihre Hardware dafür erweitern müssen
- Prozentsatz der Windows-95-Programme, die damit nicht laufen
- Minuten, die die Installation mindestens dauert

Windows 2000

-> Grafische Benutzeroberfläche. Die Zahl hinter dem Namen bedeutet alternativ

- Summe der MBytes, die es auf der Festplatte bei Minimalinstallation benötigt
- Seitenzahl der Installationsanleitung
- Zahl der Anrufe bei der Hotline, bis das System läuft

Wissenschaft

1. Wenn es grün ist oder sich bewegt, ist es Biologie.
2. Wenn damit kein Geld zu verdienen ist, ist es -> Betriebswirtschaft.
2. Wenn es stinkt, ist es Chemie.
3. Wenn es nicht funktioniert, ist es -> Informatik.

World Wide Web

Das langsamste Stück PC-Peripherie, das auf dem Markt ist.

Zucker

Das, was dem -> Kaffee einen schlechten Geschmack verleiht, wenn man vergisst, es reinzutun.

I. Index

Gesetz vom Index

Egal, was du im Index suchst: Das Stichwort wird fehlen.

Erweiterung des Gesetzes vom Index

Du wirst das Stichwort auch nicht im Inhaltsverzeichnis, in der Gliederung oder im Glossar finden, dies aber erst feststellen, wenn du das Buch gekauft hast.

J. Anhang

Aufgrund eines Computerfehlers sind die für dieses Kapitel vorgesehenen 263 Seiten in Ihrer Ausgabe (und wirklich nur in Ihrer Ausgabe) nicht enthalten. Bitte schicken Sie uns Ihre Adresse an ###Fehler: Textmarke nicht definiert### (nirgend wo anders hin) und Sie erhalten kostenlos Ersatz.)

Schlusserkenntnisse

1. *Im Kampf zwischen dir und der digitalen Welt stellst du dich besser auf die Seite der digitalen Welt.*

2. *Murphy war Optimist.*